语文课堂教学中的
实践与评测

徐小平 著

吉林人民出版社

图书在版编目（ＣＩＰ）数据

语文课堂教学中的实践与评测 / 徐小平著. -- 长春:
吉林人民出版社, 2020.3
　ISBN 978-7-206-16984-7

　Ⅰ.①语… Ⅱ.①徐… Ⅲ.①中学语文课－课堂教学
－教学研究 Ⅳ.①G633.302

中国版本图书馆CIP数据核字(2020)第054746号

语文课堂教学中的实践与评测

著　者：徐小平
责任编辑：李　爽　　　　　　封面设计：白　伟
吉林人民出版社出版　发行（长春市人民大街7548号 邮政编码：130022）
印　刷：黑龙江艺德印刷有限责任公司
开　本：787mm×1092mm　　　　1/16
印　张：12.25　　　　　　　字　数：200千字
标准书号：ISBN 978-7-206-16984-7
版　次：2020年7月第1版　　　印　次：2020年7月第1次印刷
定　价：58.00元

如发现印装质量问题，影响阅读，请与出版社联系调换。

序：赋予语文最美好的姿态

　　蒙台梭利说，教育就是激发生命，充实生命，协助孩子们用自己的力量生存下去，并帮助他们发展这种精神。我们语文教育是能抵达学生生命和灵魂的教育，因此，语文教育应该是一种烂漫、诗意、原生、有气质的教育，说到底，语文教育应该是一种生态型的教育。它应该自然、和谐、平衡、美好、开放、创新，多年来，我一直执着于语文某种最健康最有生长力的教育。最初，这种执着可能是无意识的；但后来，就渐渐自觉了，并开始了有意识地探讨和研究。我明确了自己一直在追求一种生态型的大语文教育，并潜意识里想以此来抵抗和解构当下那种碎片化、机械化、功利化、反自然的小语文教育。具体来说，我的这种生态型的大语文教育会有如下构建：

　　它的备课，水土当丰厚，预设当留白。可以说，中国的传统文化有多博大精深，中国的语文就有多博大精深。我们的生活有多宽广辽阔，我们的语文就有多宽广辽阔。你妄想以走马观花的方式来准备语文课，对不起，你的语文课就只能是"乱花渐欲迷人眼，浅草才能没马蹄"。你连自己都无法陶醉，就更不用说陶醉学生了。我们语文教师应该用一颗写文章的心来对待我们的语文备课。我们语文课要出现"日月之行，若出其里；星汉灿烂，若出其中"的奇观。但也不能太过追求完美，预设上甚至不必面面俱到，应当允许在适当的留白、适当的不设计中，让学生自己去生成去创造。正如一部文学作品的完成，只有留有读者再创造的余地，这部作品才有生机。曾经有一位教师这么思考道：作为一名在教坛耕耘多年的教师，走进新课程，我才知道，曾经有那么多美丽的瞬间，被我忽视；有那么多关键环节，被我垄断；关闭孩子们未知心窗的，不是别人，恰是我自己。是我工作到深夜才完成的近乎"完美"

的教学设计，堵住了他们泉涌的思想；是我连篇累牍、整齐划一的练习、测试造成了他们的单调乏味……这位教师的反思，实在值得我们每一位语文中人深思。

它的上课，真情是底色，激情是美色。其他的课，可以客观，可以理性，可以不动声色，但语文课绝对不可以。没有真情和激情的语文课，绝对不是一种生态型的好语文课。现代作家梁实秋记载的《记梁任公先生的一次讲演》，就是对语文教师上课状态的一种最好的描述。雅斯贝尔斯在《什么是教育》中这样理解教育："教育的本质意味着，一棵树摇动另一棵树，一朵云推动另一朵云，一个灵魂唤醒另一个灵魂。"我们语文教师，选择了在黑板前站立，就意味着选择了一种永恒的姿势，一种使命，一种狂热，一种默默无闻光明磊落的情怀，就意味着我们要用我们的灵魂来唤醒学生的灵魂，来引导学生追求无限广阔的精神生活，追求人类永恒的终极价值——智慧、美好、公正、自由、希望和爱，以及建立与此有关的信仰。因为"文以载道"，语文的人文与人道，是正需要用"心"和用"情"来传达的，故语文教师的课应该是最性情、最饱满、最有声色的课。南宋教育家陆九渊就非常注重这种心教，他说："吾与人言多就血脉上感移他，故人之听之者易，非若法令者这为也。"故他不立学规，学生们便能仪容庄重，相观而化。

它的课堂，生机要盎然，生成要饱满。语文课堂，应该是一棵树的形象。这棵树，在不断拔节生长，与风对话，与鸟对话，与叶对话，碰撞出花，碰撞出果。如果一堂语文课，只有获得，没有生成；只有记得，没有爆破，没有一两个学生忽然冒出一两句有灵性的话，或者表达出自己有个性的见解，那么就可以说，这堂语文课，学生的生命集体不在场，是一堂反自然的语文课。《论语》中的《子路、曾晳、冉有、公西华侍坐》章，孔子与学生们的一堂课，有正襟危坐者，也有弹琴鼓瑟者；有畅谈经天纬地者，也有抒怀暮春咏归者，多自由，多有生趣，这就是一种生态语文。全国著名特级教师余映潮老师，就是让学生读个书，都会兴致盎然地编排出很多种方式：有教师或学生的领读，有指名读，有分组读，有分角色读，有对读、齐读，也有换身份读、换语气读……这样读来，虽然重复了很多遍，但由于变换了形式，变换了重点，学生仍会感到新鲜，感到愉悦，也就自然而然地在各种朗读中，增强了语感，增强了思维的敏捷性和学习的积极性。这样的课堂生成，可以想见，就绝对不是单一的、线性的，而是复合的、发散的，成几何级倍增的。

它的教学，安静中丰富，慢工中细活。语文课，我一贯主张少电光声色，多笔墨纸砚，方式越传统越好，课堂越简约越好。课件，不是必须，就不要多用：与其快速展览，不如慢慢板书；与其让学生眼观，不如让学生手记。有些课件，音乐、画面、视频，无比撞击，一堂课下来，学生感官是愉悦了，可语言文字呢？却毫无长进。语文，天生当沉潜，当斯文，当让学生在安静中去丰富，在口头笔头的一言一语、一笔一画中去潜滋暗长。我在多年的语文教学中，就一直贯穿一种极简主义——极少使用现成的课件，备课大都是笔记的，板书大多是手写的，而且每每讲课或讨论到关键处，我就一定会停下来，让学生们自己在笔记本或课本上记录、归纳和总结，以便他（她）日后回味和反思。我觉得这样做的语文才是有温度的语文，因为它有每个生命体的参与和做功。语文教育一定要重视学生基本功的训练，听说读写，样样都要到位，不能走过场，更不能偏废。听，就要有思考地听；说，就要有质量地说；读，就要有收获地读；写，就要有想法地写。譬如写字，即使是高中课文，其中的生字也一定要抄写；课文，一定要让学生多背，背了还要字字句句默写，不能走过场；一定要培养好学生语文学习的基本品质：查工具书、做圈点批注、做摘抄、做改错、写周记、写读后感等，切莫粗枝大叶，急功近利。说到底，语文教育永远是一种原生态的慢工细活，永远与工业化、流水线无关。

它的阅读，吟哦中会意，涵泳中顿悟。语文课堂的标志就是朗读。朗读，是一种让学生认知文字、感受声律、体味字词、领会情感、品味意境、发展语感的充满情感的实践活动。少了朗读的语文课，是踩在自己骨头上的语文课，毫无美感，只有痛感。所谓书声琅琅，琅琅，是美玉声，更是生命的涌动声。一堂语文课，至少应该有三分之一的时间在吟咏中度过，甚至包括各种文本的做题，都不应该忽视这点。有吟咏的阅读，是体悟顿悟的自然生成；没有吟咏的阅读，是简单粗暴的拔苗助长。对于文本，除了重诵读，还应重涵咏——沉潜往复，字斟句酌，让学生在文章的文脉肌理中，自己去触摸，去发现，不愤不启，不悱不发，如此才能把握语言文字的本味。除了重视对课文的品析阅读，生态型的大语文还必得重视课外阅读。首先教学大纲中规定的名著名篇一定引导学生读到位。对于名著的阅读，可以采用开专题讲座、写读书报告、办读书板报、改写续写名著等形式来引导推进，切不可以没时间为借口而偏废。我在学生高一时就利用每次课前的三到五分钟让学生读《论语》；高一读完《论语》，高二如此这般又读完《孟子》。其实如果设想更大胆些的话，每周是可以直接拿出两三节语文课来让学生去图书馆阅读的。于永正老师不是说过吗，提高学生的语文成绩其实很简单，就是少做题，多读书，好读书，读好书，读整本的书。

它的写作，入法是得道，出法是王道。对于写作，应讲究出入之道。尤其是对待考试作文，除了应让学生储备相应的素材、章法、立意的知识外，还必得教给学生一定的文章之法、作文之道。有人比喻应试作文，就是带着镣铐在跳舞。古代的诗词歌赋，无不是戴着镣铐在跳舞，那些格律上要求，远比今天的写作要求要复杂。所以，写作，首先要让学生认识"镣铐"、熟悉"镣铐"，游刃有余之后，就自然会忘记"镣铐"，就自然会跳出既符合考试要求、又充满灵性的文章来。所以，作文教学首先必得有入法；但入法不是目的，最终能跳出来，写出随心所欲而不越矩的文章才是王道。当然，为了语文写作的可持续发展，除了在作文之道上要给予学生必要的引导之外，还必得要让学生多练笔，多创作，这才是正道。平时除了每学期的几次大作文外，还要让学生写日记、周记，写随笔、搞创作等。巴金先生说："写吧，只有写你才会写。"语文教材的总主编温儒敏也透露，高中语文课程将会有颠覆性的变化，务必倡导学生搞文学创作，模仿写诗，写散文，写戏剧。他解释说，这是一种必要的审美教育。作为一个语文教师，我非常赞同这种做法，觉得这种做法是在还原语文的本位。吉林省吉林市的一位语文老师，从来名不见经传，也没见她上过什么公开课，但就是在市调考中班上的语文成绩特别靠前，这引起了一些教育专家的关注。而该老师的做法，据自己说"很传统"，就只抓两件事，一是读书，大量地读课外书；二是写日记，有话则长，无话则短，但要坚持写；别的作业就基本没有了——真的是很原生态！

它的活动，形式当多样，内外当衔接。语文活动是语文课堂开出的一扇灵性的花窗，是语文的活力和生趣所在，所谓"学以致用"，最直接的兑现就是要开展活动。在大语文范畴上，当下盛行的《见字如面》《经典咏流传》《汉字听写大会》《中国诗词大会》《超级演说家》《朗读者》等节目，就是全国人民一次次共同的语文活动，这说明，我们当今的语文教育已有了一个良好的大生态环境。借助这个大生态环境，我们可以顺势而上，为我们的学生开展丰富多彩的语文活动。比如，在课堂上，就可以采用小先生制。记得陶行知先生就很推崇小先生制，他认为，学生有不可思议的力量，学生可以用自己读的书教人，一面温习一面把学问教给他人，这种"即传即知"往往效果奇佳。英国教育家欧文上课时就很喜欢让学生做挑战性的游戏。为了让学生迅速认知一个新事物，他会设计由一个学生执木棒，另一个学生提问题让那个学生指认；如持棒者指错，则须将棒交给提问者。这种挑战性的游戏极大地激发了学生的学习兴趣。在课堂之外，我们还可以开展一些语文实践活动，比如举办朗诵赛、演讲赛、写作赛、书法赛、课本剧大赛、辩论会、读书会、成语接龙、校园诗词大会、文学社、民俗采风等，让学生在活动中打通语文体的任督二脉，在实践中照见语文的天光云影。

要言之，一种生态型大语文观，就是要让语文课有语文味，这可能是我们能赋予语文课的一种最美好的姿态！

目　录

第一章　语文：何妨吟啸且徐行

第一节　未成曲调先有情

——谈谈怎样上好高中语文第一课

很多教师在执教高中语文第一课时总喜欢直奔主题——一开门就上新课，不管学生能不能接纳自己，也不管学生喜不喜欢上他（她）的语文课，大有"我的语文课我做主"的霸气。学生们还没弄清楚怎么回事就开始跟着老师茫茫然地旋转。这种开课方式，看似直接高效，实则简单粗暴，缺少一种生本意识与教学和谐观，是构建生态大语文中应该摒弃的一种做法。

上好高中语文第一课其实相当重要。高一学生刚从初三上来，初三时很多学生因为"应试教育"已对语文产生了一些误解甚至反感，因此上好高中语文第一课就显得格外重要：既关系到语文教师在学生心目中的形象，又关系到学生们今后学习语文的兴趣和热情。因此，一定要精心准备，争取一炮打响，让学生在较高层面上重新认识语文课不可替代的价值，从此死心塌地爱上语文。那么该如何上好这至关重要的第一课呢？笔者多年以来在这个方面做过一些探讨，现将所得归结出来以求教于大方之家。

一、自我介绍展风采

好的开端是成功的一半。同样，一个好的自我介绍至少可俘获一半学生的心。自我介绍时，可向学生们介绍一下自己的性格脾气、爱好特长、工作经历、教学风格等等，内容尽量丰富些，形式尽量多样些，语言尽量幽默些，这样不仅有助于学生了解你的个性为人，促进师生友谊的迅速建立，更有助于学生感受到你作为一名高中语文教师所表现出来的智慧之美、才情之美、拼搏之美，从而从心里喜欢上你和你所教的语文，为你以后的语文教学铺就一条康庄大道。

在开课前总是要精心准备自己的开场白，意欲达到"语不惊人死不休"的效果。一般都要向学生介绍了自己的名字、爱好和特长，在介绍时还巧妙地贴近教材，贴近时代，贴近学生。印象最深的是这么一番介绍，兹录于下："我跟本册书诗歌单元中《再别康桥》的诗人同姓，因此也沾染了些他的美气，喜欢舞文弄诗；并且还很荣幸地跟咱们中国改革的总设计师同名，但没有他老人家这么大的贡献，但我也很想在我这个'小小'而'平平'的岗位上作出点不小也不平的贡献，当然，这个贡献的作出是非常需要你们的支持和配合的。我跟有些同学一样，也很喜欢上网，但我在网上总是尝试做些有意义的事，比如建立自己的博客和微信公众号，逼自己练笔并且以此为平台加强与外界的交流。你们如果有写得好的文章，我将会把它们选入我的公众号，让它们在网上传播……"记得这一番自我介绍下来，学生们都笑了，并热烈鼓掌，从他们闪亮的眼神中，我立马就读出了一种欢喜。尤令我感动的是，接下了的几节课前他们居然都用齐声朗诵的《再别康桥》来迎接我！

二、大话语文解真谛

高一学生这个时候很多都有了自己不算成熟的思想，再加上受周围严重"轻文"环境的影响，对语文多半会抱有一种偏见，认为语文可学可不学，学好学坏一个样，学多学少没两样，这对语文教学是一种很不利的思想，因此很有必要在开课时就大力地实行纠偏教育，让学生明白语文学习的重要性和真正意义。为此，在开课时就可旗帜鲜明地跟他们谈谈以下几个观点，给他们一番醍醐灌顶：

1.高考再怎么改革语文也是稳居榜首——永远的"三分之一"。

2.语文永远是我们立身处世之本，建功立业之基。

3.语文永远是形成民族强大向心力、凝聚力的"磁核"。

4.语文是精神的栖息地、心灵的守护神。

5.热爱语文的人才能更好地热爱生活，懂得语文奥妙的人才能诗意地生活。

此番"灌顶"下来，一定要让学生产生一种"不识庐山真面目，只缘身在此山中"的感叹，产生一种"同行十二年，不知木兰是女郎"的审美惊讶：觉得语文原来是这样，语文原来还可这样！这可是他们原来那双急功近利的眼睛所没能看出的、也无法看出的一些美妙呀！意识到这点，他们又如何能不死心塌地地爱上语文、劳心劳力地学起语文呢？

三、阅读《说明》观全局

课本上的《说明》是对一学期乃至高中三年所有学习内容和学习要求的一个简明扼要的说明，起着高屋建瓴、统揽全局的作用。利用得好，可以起到意想不到的效果。但实际情况是，很多教师都比较忽视它，要么是一翻而过，根本不管；要么就让学生自己看一看算数。

以前也是这么做的。但在有一次用心读过《说明》之后，觉得它真的很好，如果能认真加以利用，定会善莫大焉。于是在今年高一新生的第一课上，我就认认真真地指导他们学习《说明》，不清楚的地方还跟他们耐心地讲解。开始他们很惊讶，但学过之后都觉得很有帮助，因为这让他们不仅知道了高中三年在阅读、写作、口语交际、综合性学习等方面的一些内容和要求，知道了自己在整个学习过程中的有为处和无为处，从而树立了全局观念，增强了能动意识，而且明白了整个高中的语文学习是一个体系一个网络，每一个步骤乃至每一个环节都不是一种简单的重复，而是一种螺旋式的上升，量变到质变的行进，任何一个环节以至细微到任何一节课都是不容忽视的。有了这种观念，还需要担心学生会产生一种语文"学好学坏一个样，学多学少没两样"的糊涂认识吗，还需要担心学生会犯一种"只见树木，不见森林""三天打鱼，两天晒网"的毛病吗？他们只会强烈地意识到：如果不认真并持续有恒地学习语文，语文学习就会有两样！

四、讲述故事传真经

高一学生刚从初中上来，还带有一些孩子气，如果跟他们正儿八经地讲学习的道理，他们未必爱听，弄不好还会跟他们留下了一个严肃古板的印象，不利于师生间的情感交流。这个时候最好收集一些富有哲理带有情趣的小故事，向他们娓娓道来，让他们在享受故事之趣的同时也不知不觉地受到思想的启迪，得到学习的真经，而且在这听故事的过程中也会真切地感受到老师的亲和与随意，自然就会对老师产生好感，最终产生"亲其师而信其道"的效果，也就在情理之中了。如此做法，可以一箭而多雕，何乐而不为呢？笔者在多年的语文教学中，收集了如下几个故事，经实践证明效果不错，现整理如下，以飨读者。

故事一：习惯演绎人生

父子俩住山上，每天都要赶牛车下山卖柴。老父较有经验，坐镇驾车。山路崎岖，弯道特多，儿子眼神较好，总是在要转弯时提醒道："爹，转弯啦！"有一次父亲因病没有下山，儿子一人驾车。到了弯道，牛怎么也不肯转弯，儿子用尽各种方法，下车又推又拉，用青草诱之，牛一动不动。到底是怎么回事？儿子百思不得其解。最后只有一个办法了，他左右看看无人，就贴近牛的耳朵大声叫道："爹，转弯啦！"牛应声而动。

点拨：要培养好的习惯来代替坏的习惯，好的习惯积累多了，自然会有一个好的人生。

故事二：迎难才可向上。

一个灰心丧气的青年人，整天关在屋子里，抱头痛哭。有一天，一位老者跨进门，语重心长地说："假如山上滑坡，你该怎么办？"青年人喃喃："往山下跑。"老者仰头大笑："那你就葬身山中了。你应该往山上跑，你只有勇敢地面对它，才有生还的希望，天下事皆然。"说完便飘然而去。

点拨：只有勇敢面对挑战和困难，才能战胜它，才能不断向上，学习亦如此。

故事三：自信才可自强

一个人在高山之巅的鹰巢里，抓到了一只幼鹰，他把幼鹰带回家，养在鸡笼里。这只幼鹰和鸡一起啄食、嬉闹和休息，它以为自己就是一只鸡。后来这只鹰渐渐长大，羽翼丰满了，主人想把它训练成猎鹰，可是由于鹰终日和鸡混在一起，它已经变得和鸡完全一样，根本没有飞的愿望了。主人试了各种办法，都毫无效果，最后把它带到山顶上，一把将它扔了出去。这只鹰像块石头似的，直掉下去，慌乱之中它拼命地扑打翅膀，就这样，它终于飞了起来！

点拨：相信自己是一只雄鹰，然后才能勇敢面对一切挑战和失败，这就是成功的秘诀。

故事四：坚持才可成功

开学第一天，大哲学家苏格拉底对学生们说："今天，我们只做一件最简单也是最容易做的事儿：每个人把胳膊尽量都往前甩，然后再尽量往后甩。"说着，苏格拉底示范了一遍，"从今天开始，每天做 300 下，大家能做到吗？"学生们都笑了，这么简单的事情，有什么做不到的？过了一个月，苏格拉底问学生们："每天甩手 300 下，哪些同学坚持了？"有 90% 的同学骄傲地举起了手。又过了一个月，苏格拉底再问，这回，坚持下来的同学只剩下了八成。一年过后，苏格拉底再一次问大家："请大家告诉我，最简单的甩手运动，还有哪几位同学坚持了？"这时候，整个教室里，只有一个人举起了手。这个学生就是后来成为古希腊另一位大哲学家的柏拉图。

点拨：语文需要积累，积累需要恒心和耐心，语文的桂冠只戴在坚持者的头上。

五、如数家珍授方法

最后还可跟学生介绍一下本学科的学习方法。可以结合自己的经验和别人的教训，根据自己的心得来现身说法，把自己的一些窍门和绝招毫无保留地传授给学生，叫学生知道下一步该怎么学，怎么做，以达到以实用吸引人、以真挚感染人的目的。

根据自己多年的教学经验，把高中语文学习的方法归结为一组数字传授给学生，不仅明白好记，而且操作性强，那就是：一书、两典、三本、四习惯。

"一书"就是每人准备一本好书。或者是古今中外的名著；或者是美文集，比如《时文选粹》《智慧背囊》等；或者是订一份杂志，比如《读者》《意林》《作文素材》《看天下》等等。这样既可供自己平时精读，又可互相交换做到资源共享。

"两典"就是一本《现代汉语词典》，一本《古汉语常用字字典》。这是高中语文学习的常备武器，要经常利用。

"三本"就是准备好三个笔记本：周记本、摘抄本、改错本。三本的用意都在于积累。

"四习惯"具体说来就是：

①每天用改错本积累并记熟四个"两"：两个容易读错的音，两个容易写错的字，两个容易用错的熟语，两个常见的名言名句；

②每次课前五分钟赏析并记诵一首古诗词；

③每周一篇800字左右的随笔，内容不限，可以是生活随感，可以是思想火花，可以是读书札记，也可以是课文仿写。目的就是让学生时常保持一种观察生活、思考生活的状态，保持一种提笔即可为文的状态。

④每周安排两节课专门做阅读课，阅读课上要求做好一定量的读书笔记，并限时写出读后感，当堂课交流并点评。

之后还编了一首诗送给他们：

报纸杂志常翻阅，买书看书做书虫。

语文笔记贵坚持，课外练笔不放松。

生活处处皆学问，他山之石把玉攻。

基础知识早复习，课本学习贯始终。

白居易在《琵琶行》中描写琵琶女的演奏时，写她先是"转轴拨弦三两声"，使人感觉"未成曲调先有情"，这样就立马抓住了客船上所有听众的心。这就充分证明了好的开端是成功的一半。笔者相信，经过这么一节特殊的并且精心准备的开门课，学生们就既能感受到教师为人的特点、教书的风格，又可领略到语文的魅力和风采，还能懂得语文学习的正确方法，这对于他们以后主动地学习语文、积极地学习语文肯定会起到不可估量的作用。

这看似"误工"的一节课，其实是深得"磨刀"之道。

第二节　寂寞深处有生机

——谈谈怎样上好高中语文选修课

高中新课程改革的核心理念是促进全体学生的全面发展，以学生发展为本，培养创新意识和实践能力，重视核心素养的养成。由此课改组开发设计出包括5个必修模块和15个选修模块在内（以人教版为例）的普通高中语文课程标准试验教科书。对5个必修模块，按以往的教学理念和方法，教师们尚能较好地处理；但对选修模块这个崭新的课题，很多教师包括笔者在内，都感到有些无所适从，教学常常陷入困境，颇有一种"寂寞古战场，荷戟独徘徊"的尴尬。但正因为寂寞，才会有无限生机；正因为无路，才会处处有路。基于这个理念，笔者身体力行，对选修课的教法做了一些有益的探索，现将所获交流于此，期盼方家斧正。

一、误区：千岩万转路不定

选修课的设置原是为了彰显学生在语文学习方面的个性，让学生在学习必修课的基础上能有一个个性化的学习和发展空间。设想是完美的，但操作起来往往会与设想大相径庭，以致出现"千岩万转路不定"的混沌局面，主要表现为：

1. 讲授到底，强调知识性

也就是把选修课上成了语文知识的讲授课，一讲到底。由于选修教材大都是以一定的知识结构为基本框架进行编写的，于是课堂教学就

9

出现了比较明显的以知识为中心的情况。如《中国古代诗歌散文欣赏》，就上成了古汉语知识的系统讲授课；《语言文字运用》就上成了很纯粹的语法课；《中国现代诗歌散文欣赏》便在一些知识性的内容如文体知识、文学史知识、诗歌散文鉴赏的技能和方法、写作的技能和方法上大做文章。这些做法都是将提高素养、培养审美的人文性内容置之不顾，而以老师的知识串讲完全取代了学生的研读和探究，取代了文本的情感价值和审美愉悦。老师讲完了，学生也就学完了。至于学生学得怎样，老师心中没底，学生更是茫然。

2. **演练到底，突出应试性**

还有些教师把选修课上成了高考备考的辅导课、演练课。在高考指挥棒的影响下，老师们煞费苦心地翻阅各种教辅习题集，编写与选修教材同步的学案：学习《中国古代诗歌散文欣赏》，就把一首首诗词变成一道道的诗词鉴赏题，把一篇篇古文，变成"一字多义，古今异义，特殊句式"的知识大汇总；学习《语言的运用》，各种语言应用类的习题卷、方法指津卷便应运而生……要知道，不论是唐诗宋词，还是古今中外的小说、散文，作品所反映的思想内涵、价值取向、文化底蕴等，都是不可能通过做题、记忆知识点的方法来深刻领悟的。这种教学，无异于焚琴煮鹤，将选修课中要实现情感体验、心灵共鸣、精神陶冶的人文性目标束之高阁了。

3. **拓展到底，偏重人文性**

选修课应该是工具性和人文性的统一，两者不可偏废。只偏重工具性，就会殆尽选修课的审美意义；只强调人文性，就会让选修课变得玄虚架空，高处不胜寒。而后者，当今却有愈演愈烈的趋势。这是因为我们有些教师存有一种错误认知，认为无论是必修阶段还是选修阶段，都应该偏重人文素养方面的提高。于是课堂教学就会抛开选修课程的基本内容，只抓其思想内涵、情感内涵大加发挥。上《先秦诸子选读》，就带着学生研究诸子百家思想的继承关系和不同之处，大讲儒家文化对于中国文化的意义以及消极影响，海阔天空，不着边际。其实就是儒家文化人文素养的培养也离不开对文本本身——字词篇章结构的把握，只有在实实在在的字里行间才能让学生真正体会出儒家文化的博大精深。

4.程式到底，重复必修性

在选修课的教法上还无现成的路子可走，于是许多教师就不约而同地参照了必修课的上法，求基础，求全面，求齐步走，将选修课上成了必修课的翻版课、补习课，并没有很好地区别选修课和必修课各自的特点和要求。新课标指出："选修课和必修课的教学存在一些差别"，差异主要表现为三个方面：第一，必修课的教学更多地注重了"共同基础"，而选修课则应在"共同基础"上，着眼于"多样选择"和"发展个性特长"这一层面。第二，选修课不同于必修模块的教学，不必过于讲究字字落实，句句理解。将语言文字的理解和文化内涵的探究兼顾才是最重要的。第三，如果说必修课内容为"点"，"点"上求精深，"点"上求辐射，那么，选修课内容就应该为"面"，"面"上求广博，"面"上求补充。可以说，选修是必修的延伸、拓展、补充和提高。因此，选修课的教学更应注重某一系列知识的深化和拓展，而不应只是对选修课的简单重复。

二、对策：长风破浪会有时

那么，选修课到底应该怎样上，才能更好地落实新课标的理念和选修课的要求呢？

认为首先可以从宏观方面来把握：在教学目标上，让选修课多侧重拓展学科视野，深化学科知识与技能，发展学生的特长个性；在教学内容上，让选修课多关注较深、较广、较新的知识技能与当代社会生活中的重大问题；要上得有较大弹性，能随着时代的变化及学生的要求及时调整；在教学方法上，让选修课多些课型跨越，贯穿专家讲座、学生自学讨论、社会实践等基本形式。需要强调的是，我们目前欠缺的不是缜密的课程标准和完美的教科书，欠缺的只是开放自由的课程文化。因此，在选修课的上法上，我们要多些自己的思考和个性。

其次，就某一本选修教材而言，认为可以这样来处理。试以《中国古代诗歌散文欣赏》为例来说明。这本教材每单元的第一项是"赏析指导"，就这一章提出了学习的角度，介绍了相关知识和鉴赏方法。教师可以指导学生阅读之前先将整本书的大体框架和概貌做一番了解，并力求对赏析指导部分能有深入的领会，从而可将几个单元的知识在教学中综合运用，增强各单元之间的互补性。第二项是"赏析示例"，教师可以指导学生自主研读赏析示例，也可以先不去阅读示例，先由学生自己做一番赏析，然后将自己的赏析和示例做一番比较，并由教师加以评说，这样会增强学生的求知欲。第三项是"自主赏析"，自主赏析作品注释后面列有"探究·讨论"题目。自主阅读课文，可先尝试着由学生自己将疑难与感悟写出来，再接着阅读"探究·讨论"的题目，做一番深层次的理解，当然不是追求唯一的答案，而应力求多样个性化的理解。也可利用网络资源，查找信息或设置讨论区，将对某一作品的探究上升到研究领域。第四项是"推荐作品"，是推荐与本单元学习内容相关的一些作品，供课后阅读。教师可指导学生们完全放开手脚，将每一单元提供的角度加以运用，以获得对作品形象和情感的整体感知与把握。

而对每篇具体课文而言，还可以有如下做法：

1. 放手自学，把课堂留给学生

人教版高中语文 15 种选修课本都是着眼于学生自学而编制的，试图建立一套选修助学的系统，其实老师也并没有多少可以讲授的空间了。例如《语言文字应用》是一本知识性和实践性都很强的教材，全书6 课 23 节以通俗易懂的语言讲述了这门学科的一些基础性知识，以及语言文字的品位和运用的一些基本要领，没有一处学生看不懂、读不通，如果老师再在课堂上聒噪不休，反倒会败坏了学生的学习热情。不如放手，把课堂还给学生，让学生们自主学习。强调学生自学，很多老师可能会一时找不到上课的感觉，其实老师在课堂上还是大有可为之处的：可以根据"不愤不启，不悱不发"的教学原则，在学生自学不顺畅处点拨一两下；可以做某些方法策略的引导；可以提供某些必要的助读材料；可以把握课堂上或缓或急、或行或止的教学节奏；可以调动学生自学的热情，创造或活跃或沉静的自学氛围等。

2. 促成互教，把讲台让给学生

尝试让学生自主进行课堂教学也不失为选修课上一种较好的做法。具体做法是，每次上课前，都由学生自己备课，负责课堂教学的设计，然后由学生亲自上台讲课。我校高一语文教研组去年就尝试了这种做法，他们将《中国古代诗歌散文欣赏》中的一些篇目放手让一些学生去上，一个学生讲一首诗歌，或者几个学生共同备一篇古文。为了上好课，学生们从图书馆、资料室以及互联网上查阅了大量的资料，集体商量；有时还找老师请教，出谋划策，创设情景，充分发扬了团队精神。他们点子很多，花样迭出，颇有创意，常常令我们这些当教师的自叹不如。如有学生在执教《阿房宫赋》时，就创造性地请同学们共同回顾必修教材中的《过秦论》和选修教材中的《六国论》的内容，分小组讨论六国和秦灭亡的原因及其现实意义，还展开了辩论赛，执教者甚至还请在场的老师也参加了讨论活动。师生相融，心灵相通，气氛很热烈，讲台也就从展示教师学识才能的舞台转变为展示学生的聪明才智的平台。学生们以自己创造性的劳动，进行自主研究性的学习，从而真正成了学习的主人，成了问题的探求者和解决者。

3. 组织活动，把平台搭给学生

关于选修课的教学，《普通高中语文课程标准》指出："有的重在实际操作，需要突出某一方面的专门知识和技能；有的重在发挥想象和联想，注重情感与审美的体验；有的重在思辨和推理，强调理性和严谨。所以选修课特别需要注意寻求与课程内容相适应的教学方法。"而是否能实现学生在学习过程与学习方法上的选择性和个性化，是验证高中语文选修课是否成功的一个重要标准，因此在选修课上可组织些丰富多样的活动，为学生选择性和个性化学习搭建一个很好的平台。专题研究式、索引资料研究式、主题辩论式、调查报告式、论文式、演讲式等等这些活动都可作为选修课学习过程中选择的样式。比如学习"语言文字应用"系列和"新闻与传记"系列，教师可以先讲授，让学生了解相关理论与方法；再采用材料阅读法，培养起学生搜集、筛选、整合、处理信息的能力；随后就可通过模拟现实情景、实地调查访问、专题探讨、成果展示等活动，通过观察、发现、讨论、对话、写作等活动，给学生以实践的机会，让学生实践活动中逐步提高语言文字应用的能力和写作新闻、传记的能力。

4. 倡导研究，把过程还给学生

建构主义认为"知识不是被动吸收的，而是由认知主体主动建构的"，所以研究性学习应是高中语文选修课首选的一种教学方式，语文选修课的五个参考系列也为语文探究性学习提供了广阔的领域，为学生的探究提供了深广的空间，学生可从中获得丰富的研究课题。如学习《〈史记〉选读》的第五个专题"摹形传神，千载如生——《史记》的人物刻画艺术"时，就可以以"以所学的《史记》选文为例，分析《史记》人物刻画的艺术特色"这么一个课题让学生去研究。学习了《唐诗宋词选读》中苏轼词和辛弃疾词后，就可以以"我看苏辛词"为课题让学生探究一下苏辛词各方面的异同。当然也可先由教师和学生讨论出探究的问题，再由学生去收集资料，解决问题。问题探究不必过分重视学生的探究结果，而要重视学生探究的过程与方法。总的来说，在选修课上倡导研究性的课型，也就是把探索未知的原动力还给学生，把获取知识和能力的过程也切切实实地还给学生。

研究高中语文选修课程的教学是语文新课改中的一个极为重要的课题，对这个课题的研究也还只刚刚起步，笔者也只是把高中语文选修课中一些如浪花打在船舷上问题呈现给大家一起探讨，真正的中流击水者还有待出现。刘国正先生认为："课内和课外，是语文教学的双翼……只有双翼并举，才能自由飞翔，才能如大鹏那样，'抟扶摇而上者九万里'。"此话于必修课和选修课也同样适用——祝愿语文选修课能有个美好的明天。

第三节　领新标异二月花

——谈谈怎样为语文课开一扇灵秀的窗

高中语文新课改正举着工具性和人文性相统一的大旗向我们每位语文人走来，它的核心素养养成——语言建构与运用、思维发展与提升、审美鉴赏与创造、文化传承与理解，正成为指导高中语文教学的纲领和准则，成为构建生态大语文的一种蓝图走向。各位高中语文教师也正在这"潮平两岸阔，风正一帆悬"的改革大潮中弄水击楫。他们或守正出新，或破釜沉舟，或后浪推前浪，或老树着新花。笔者作为其中的一员，也在这次新课改中做了很多有益的尝试和大胆的创新，虽然不够成熟，甚至还有些偏颇，但基于"只有在不断发射中才能瞄准"的真理，我还是斗胆将自己在课改中的一些尝试和创新整理出来，聊作同仁们前行的动力抑或教训；不管成败与否，实践的步伐至少表明我们正在更新中……

1. 设置细节灵秀一点

以往的语文教学我们注重工具性更多一点，由此导致的教学的粗手笔和过程的功利性比比皆是，一些文本的人文性也被我们教学的粗手笔弄得灰飞烟灭，从而很直接也很残忍地就剥夺了学生对审美的需求。基于此，我认为，语文教学要注重细节，而且尤其要注重审美上的一些细节，从而让我们的语文课堂，让我们的师生更灵秀一些。

比如，《雨巷》这一首诗充满了意境美、情愫美、韵律美，美得就像一个天生尤物，任何按部就班地解读、焚琴煮鹤般地分析，都只会破坏她的天然神韵。基于此，我在教学这首诗时，就一反以往开头便介绍作者、介绍背景、介绍文体的做法，尽量在细节设置上推敲讲究，力求让学生进入一种唯美的境界。课后我写的一篇札记（徐徐老师《额头光洁》）便是明证：

特别喜欢《雨巷》里那种紫色的情调，流淌着一种淡淡的情殇，觉得不能辜负了这种美好的情调，一定要将这首诗上得自然天成。

于是精心准备了行头——淡紫的连衣裙配上了白色的布衫——让自己的着装，都努力传达出诗的情韵。

一开课，没有通常的作者介绍，也没有枯燥的背景宣讲，只有自己舒缓而低沉的吟哦声在教室里的每一个角落轻轻回旋。教室里异常安静，没有一个抬头没有一个转向的，学生们都一律地屏气凝神，一副入定的模样。

朗诵完毕，片刻的停顿之后，渐渐掌声响起。我则微微一笑，说，《雨巷》的主要意象是丁香，丁香有淡紫、素白两种颜色，喏，就是老师身上这两种颜色了。他们就笑。

后来有一个学生弱弱地告诉我说，他们，已私下里，称您为丁香老师了。

……

通过这段纪实文字，我们可以感受得到，教师在设置《雨巷》这课的情境时可谓精益求精。服饰、诵读等一些细节的精心设置，让教师、学生、文本之间自然而然地就形成了一种淡淡忧郁的场，从而达到了"润物细无声"的效果，很好地贯彻了新课改注重人文性、注重情感态度价值观培养的理念。

2.切分教材灵气一点

一般教师对教材通常的切分方法就是：先解题介绍背景和作者，再整体感知把握文章的结构和主要内容，然后分析人物形象、赏析艺术特色等，这种切分是一种条分缕析，一种流水作业，操作起来很容易将文本支离破碎，也很容易让学生陷入一种被动接受的状态，不能很好地激活他们的思维和创造力。反之，要想将教材切分得灵气一点，就必须"处心积虑"地找一个合理的抓手，来勾连文本，贯串课堂，从而使整个课堂如行云流水一般变得灵性起来。

在上《烛之武退秦师》这课时，我开始是打算按部就班地上，但千篇一律的教法令我自己都感到生厌，于是就想找一个合理的抓手来"引爆课堂"，激发学生自己去分析去探讨，苦思冥想之后，就决定围绕题目中的"退"字和每一段的精彩处来做文章，最终设置出几个略带戏谑性的小话题——待退，九死一生；议退，君臣一心；智退，唯利是图；亦退，走为上策——让学生来各抒己见。具体操作是这样的：先吩咐学生围绕这几个话题都进行初步地思考，再同桌之间展开了讨论，然后自由站起来选话题说。学生们的思维顿时就被打开了。他们在说"待退，九死一生"这个话题时，既看出了郑国的危在旦夕，更看出了郑国的一线生机，对开头一段暗藏的伏笔手笔领略得很快，而不是像以往，需要老师的反复启发才能有所感悟，想来应该是"九死一生"这一词给了他们很好的启发。在分析"智退，唯利是图"这一个话题时，学生的分析力更是超乎我的想象，他们不仅分析出了烛之武正反对比、假设分析、瞻前顾后的游说法，而且还看出了他"一心一意为秦伯谋利"的高超的攻心术，想来也应该是一个"唯利是图"的戏说激发了他们的灵感。

看来，给教材的一个比较灵气的切分，不仅能够起到牵一发动全身的效果，而且还能极大地调动学生解读文本的积极性。之后，还有学生提了一个问题，这个问题我觉得比较有参考价值。他觉得烛之武谈不上是"无私爱国"的，因为烛之武首先是在为自己考虑。郑伯去请他时，他只为自己的遭遇发了一顿牢骚，并没有马上答应赴秦，而当郑伯说出"然郑亡，子亦有不利焉"时，尤其是强调"子亦有不利焉"时，他才答应赴秦。由此可见，教参书上所说的"无私爱国"要打一个问号。学生能做出如此质疑，不正说明只有充满灵气的切分，才能让"无限在一刹那间收藏"吗？

3. 放手学生灵动一点

新课程理念强调"自主、合作、探究"，主张要把课堂充分地交给学生，让学生尽情地在课堂之海中涵泳，吐纳，养息，最终学会自己游泳——自己钻研文本，品读教材，从而形成能力，养成习性，将以往以教师为中心的"日心说"，变成以学生为主体的"地心说"，很好地符合了以人为本、充分尊重人的自由健康发展的生态大语文观。同时，在放手让学生自主合作探究的过程中，学生之间往往会形成强大的"头脑风暴"，这种"头脑风暴"足以让每一个学生收到的信息都成几何级的增长。这样的课堂收益不可谓不可观！

在上《诗两首》过程中，我就深有感受。两首诗中的第一首诗《氓》是我带领学生解读的，从内容到人物形象，从艺术特色到男女主人公婚恋悲剧的探讨，一步一步地引领着学生走，结果下来，学生回答问题的声音越来越小，回答问题的学生也越来越少，一首诗歌竟用了三课时才处理完。待到教学第二首诗《采薇》时，我决定一反常态，将已经备好的课大胆弃置，采用粗线条拉出三个主问题让学生分组合作探究。全班共有三个大组，每个大组之间又有三个小组，那就等于一个问题有三个小组在探究，这样每个小组的发言人既要集中本组的发言，还要调动其他小组的发言，同时还要接受其他大组的质疑，最后是邀请老师点评。这种形式既激发了学生思考的积极性，又培养了学生互相协调、互相聆听、互相教授的能力，最大限度让他们解读了教材，收获了信息。记得开始进行时，第一大组还有些局促，一个人发言后，其他小组就没补充的了，我就以"课堂是你们的，没有现成的结论等着你们，结论都在你们自己的头脑中"的话来激励他们，并且说还要评比时，第二大组的发言就积极精彩多了，一个小组发言完毕后，其他小组就立马有人站起来补足，生怕补充得不完整，不深入。最终的结果是，一节课，三个问题都得到了圆满的解决，而且还碰撞出了一些独特的见解，完全不是那种牵着学生鼻子走的课堂所能收到的效益。

有时为了让课堂更灵动，学生活动更充分，有些难度不是很大的课文就可以放手让学生去上，让他们以小老师的身份备课、讲课，这样一来，要上课的学生会深钻教材，在听课的学生也会因为新奇和羡慕而学得格外认真。

4. 设计教法灵活一点

教无定法，敢变则通，能通就活。

在教学《林黛玉进贾府》这篇文章时，我尝试了一种设置学习包的教法。先提供预习提纲，让学生对王熙凤、贾宝玉进门的全过程有个大体的了解，然后设计了四个学习包让四个组长自由认领，四个学习包里的任务分别是：比较研究两人进门的方式，比较研究两人的"亮相"和"介绍"，研究凤姐"作秀"，研究"宝黛相见"。在这四个学习包里，还分别设置了两到三个小问题，旨在引导每一个组对本组的问题做深入地研究。比如在第一个学习包里就设置有三个小问题：1、两人进门都是"先声夺人"，但声音是否一样？两个人都迟到，原因是否一样？ 2、这两个人的进门方式有何不同？这种不同可以看出什么？ 3、对于这两个人的进门，林黛玉的感受如何？脂砚斋的评语如何？在学生发言的基础上，老师的点拨则相机而行：学生讲得好，教师就少讲；学生的讲浮于表面，教师就引向深入；学生的讲把两个人割裂开来，教师就引向比较。如此，教师仅仅起一个活动主持人的作用，学生才真正还原成了课堂的主人。

再比如常规的文言文教学很容易流于事无巨细地串讲，在这种事无巨细地串讲中重点常常被淹没。在教学《登泰山记》这篇文言文时，我就尝试改变了教法：采用让学生当导游的方式来学习这课。首先根据第一段的内容，让学生参考有关资料，为泰山写广告词，以激发游客们的兴趣；第二段的地理方位介绍比较烦琐，我就让学生设计出从中谷登山和从东谷登山的两条路线，从而纲举目张；二三两段重点描绘了泰山夕照图和日出图，是全文的精华所在。我则启发学生以导游的口吻来解说这两处景观，要求解说得有诗情画意，让游客到达陶醉以至流连忘返的地步。课文结束时，还让学生以导游的身份跟游客们说一句告别语。如此上完课后，我很有感触。学习心理学中有一条很好的教育方法是角色扮演，在角色扮演中学生所花的力气越大，改变态度的效果就越好，取得的学习效果也就越好。让学生扮演角色当一回导游，这样既让学习在一种轻松生动的情境下进行，又增添了学生们一种新的生活体验。

5. 引入活泉灵性一点

常规的语文课堂往往是封闭式的，一张嘴一本书一支笔进行到底，这种课堂是静态的、平面的、单一的，已远远不能满足学生身心全面发展的需求。理想的课堂应该是动态的、立体的、生成的，课内与课外相结合，知识和能力相接轨，习得与养成并举，智育和德育兼容，这样的课堂，让学生置身的是有限的空间，神游的却是无限的天地。说到底，就应该是一种生态型的。

有一句话说得好：问渠那得清如许？为有源头活水来！

活水之一：课前三分钟演讲。课前三分钟交给学生，让他们海阔天空，或谈个人情怀，或言班级动态，或叙身边人事，或论社会大事，充分展现毛泽东同志《沁园春.长沙》中那种同学少年"指点江山，激扬文字"的热血情怀，让学生增强责任感、使命感。

活水之二：积极开展社会实践活动。为商店广告招牌纠错，为相应场合撰写对联，为校园之星拟写颁奖词，收集新词新语作流行文化上的探究，考查姓氏源流作华夏文化上的寻根，走进文学大师作心灵上的对话。

活水之三：将"三会"——朗诵会、演讲会、辩论会，作为每学期必然开展的活动。这三样活动能极大地提高学生的语言能力、表演能力、思辨能力、组织能力等。活动，动起来才有活力。我在一次朗诵会后写的一篇纪实散文中打的一个比喻就是很好的说明，"通过活动，学生的所学，比如写作知识、朗读知识、文学知识等，就能得到最大限度地应用和熟练，这就好比一盘松散的面粉，一旦借助了搅拌和揉捏的力量，就会变得柔韧而有弹性得多，活动就可充当这搅拌和揉捏的作用，而且效果还远比单纯的讲授和机械的演练要好得多"（徐徐老师《吟诗诵词，我们眉飞色舞》）。

活水之四：将书本和课外做充分的勾连。每单元学完后，我都会编写相应的课外拓展材料（取名为《书声》）来供学生阅读。比如，在学完必修二的第二单元后，我收集了《一朵摇曳在淇水畔的女人花》（徐徐老师）、《玉碎的声音——感悟刘兰芝之死及其他》（龚序金）、屈原的浪漫（佚名）、《横穿＜诗经＞的河流》（洪烛）、与曹操对话（满分作文）等文章印发给学生，其中有自创的也有名家的，还有高考满分作文。这样做，既加深了学生对课文的理解，也拓宽了学生的眼界，还兼顾了高考的需要。有时我还会引导学生结合生活感受改写一些片段。比如学陶渊明的《归园田居》时，我就请学生将其间描写田园风光的诗句结合他们对农村生活的体验改写成一种散文诗。有学生就这样改写道：

你看，住宅周围有十余亩田地，八九间草屋，真可谓"土地平旷，屋舍俨然，有良田、美池、桑竹之属"，青青的榆柳荫蔽着后檐，绚烂的桃李竞艳于堂前。有风轻轻地吹，有香细细地传。远处的村庄隐约可见，村落的炊烟袅袅升起。深夜静卧，有狗吠叫于深巷，让梦的浮萍散开又聚合；清晨醒来，有雄鸡长鸣于树颠巅，唤醒红日冉冉升起。

这段改写既融入了学生对农家风味的体会，又显示了学生文笔的精美，可看作课内和课外相衔接而诞生出的硕果。

"删繁就简三秋树，领异标新二月花"，语文课改之路漫漫而修远，我们只有大胆尝试，不断求索，才能于无路处走出新路，在有路处走出属于自己的路，从而迎来语文教学的春天，收获属于每一个学生也属于每一位教师的清新的"二月花"。

　　后记：全无名人名言，都是自说自话——很现场也很生态的一篇文章。

第四节　出乎其外有高致

——谈谈怎样做一个"外行"语文老师

我今天要讨论的是一个纯属跑题的话——一个语文老师的"外行"话。

不错，我是一个语文老师。在一个天天皆语文、人人会语文的宏大背景里，我的语文内功是不值得一提的。所以，索性来谈一点题外的话。

我曾经读到过一段文字：教育的一个重要使命就是让孩子充满梦想和激情，这比学到多少知识更为重要。有了憧憬和向往，人的心里才会变得格外纯净，人的情感才会变得格外丰富，人才能热爱阅读，热爱学习。

这段话给了我很大的启发：如果我是一个充满梦想和激情的老师，那么我的学生自然也就会充满梦想和激情，这，就从根本上完成了一件大事。为此，我很注重我的身心状态，务必使之端庄明亮，热情洋溢：我以为这会比我教给学生多少知识更受用。

生活本就是一种大语文，过一世生活便是做一世文章，完美生活应该具备上乘文章所具备的一切美点。美学大师朱光潜先生如是说。

我就很努力让自己的生活语文化，这能让我常常保持激情和梦想。为此我不断读书和写作——

读书是个好东西。我在自己的一篇《旧的新》的散文中，就这样描述过：有的人，一向时不见，再出来时，人还是那个人，却不见半点烟火旧色，只有一种你说不出来的新，一种流落在举手投足上的、风神气韵上的，别样的新，温润得如玉生烟一般，仿佛他在深山老林里禅修了多日，得了天地灵气似的。原来，他只是一个爱读书的人，只喜欢在时间的流里，截取一段飞白来，供自己读书。喜欢读书的人，就有这般除旧焕新的本事……我的业余时间大多是读书。中外大部头的小说，古今小篇幅的美文，经久不息地看。家里的书柜有一面墙。日常订阅的杂志有《散文》《小说月报》。每天必读的是新闻、人民日报评论，交叉读的是唐诗宋词、《菜根谭》《易经》以及蒙田、培根、房龙等的随笔等。一天不读书就会心慌。作家曹文轩说：中国作家输给世界上其他一些作家，就输在读书上。他说，你不阅读如何发现经验？你不阅读哪有生活的艳丽？你不阅读哪来的申辩能力，你不阅读哪来的想象能力？我想拥有生活的艳丽和不竭的想象，所以我得听曹先生的话。

读书不容易，写东西更要命。很少有人天生爱写东西，这需要意气和理念。我对我的学生们说，如果你不想三百六十五天回想起来都如同一天，不想生活过得眉目不清混沌一片，不想感觉迟钝心灵粗糙的话，那么，你就多写字：写日记，写周记，搞创作；写诗，写小说，写戏剧。语文教材的总主编温儒敏先生近来透露，高中语文课程将会有颠覆性的变化，务必倡导学生搞文学创作，模仿写诗，写散文，写戏剧。他解释说，这是一种必要的审美教育。这何止是对学生说的话，更是对我们每一位语文中人说的话。我觉得作为一个语文老师，自己都不能提笔写点东西，是不好意思对外宣称自己是语文老师的。先不论自己写得好与不好，能提笔写就是对语文的一种尊重和承诺。我已坚持写字多年。不管写得好不好，不断写，不断观察与思考，不断感受与表达的习惯却从来不丢。每天写日记，经常写随笔，长年写文章。至今写成的散文、小说、杂文、诗歌等已有近两百篇。其中一些还在《散文选刊》《雨花》《中学语文园地》《意林》等期刊上发表。一些在论坛上加精并计酬。在县妇联举办的"我爱我家"的征文大赛和县工会举办的"全民读书"的征文大赛中，我分别以一篇《我家大头》《旧的新》拔得头筹。各获奖金五百元，也算一点意外之喜。

为了常葆激情和梦想，我还努力让自己做一个审美意义上的老师。

我从来不认为当老师就是一场苦情戏。就必得跟愁眉苦脸、疲惫不堪、没有休息、没有娱乐挂钩。相反，我认为，一个生活有情趣有品质的老师，给予学生的影响会更健康更深远。

我曾在不同场合听不同的人议论我们高中女教师，说我们高中女教师与小学、初中女教师相比，总是显得憔悴，疲惫，没有一种奕奕的神采。这固然跟我们的担子有关，但更与我们的理念、心态有关。我觉得我们高中女教师，尤其是语文女教师，优雅，知性，焕发，应该是我们赋予语文最好的形象。

我们生命都只有一回。我们的学习和工作都只是为了我们更好地生活。把握住这个根本，我们才不至于舍本逐末，急功近利。

我就会常常想着法子，让自己过得美滋滋的。

我会定期或不定期安排自己去旅游，兑现自己"身和心必有一个在路上"的理念；

我会主动参加赛车骑行队，在周边乡镇奋力骑行的同时也考察当地的风土人情；

我会不断地快走和跑动，努力让自己身体更健康，形体更美好，避免做油腻拖沓的中年人；

我会穿上各种旗袍，并且能让穿旗袍成为生活的常态，从而保持一种古典韵味，让自己更有书卷气；

我会在学校成立读书社，发动一些读书爱好者，与我一起读书，一起行走。我的读书社至今已办七年，从乐天社到青藤社到沉香社，从社名的更变可看出我理念的更变。我的读书社也是我的一个生活创意：我们平常每个月安排一个人主持读书，不定期举办专家讲座，每个季度还组织一次采风，采风之后大家编辑图文，以供回味和涵咏。

会玩，玩得兴致勃勃，玩得有品有味，试想，这样的老师，在学生面前，又如何不是春风满面，美好动人呢？古话说得好：阳春布德泽，万物生光辉。老师自己的身心是阳光的，是爽朗的，是有趣的，那么她生成的课堂是不是更生机，更饱满，更"我见青山多妩媚，料青山见我应如是"呢？这样是不是比一个老师天天苦着脸，愁着眉，粗着声，吼着嗓，让学生读写，让学生背书，让学生作文，更有人情味和语文味呢？

为了常葆梦想和激情，建设好家庭这一点也不能忽视。

我从来不认为老师搞好教学就应该怠慢家庭，忽视孩子，甚至节省该去陪伴父母、该去教养孩子的时间。我也很不乐意听到讲一个老师的事迹时，首先就讲他（她）因为教学，父母病了他（她）都没有时间去照顾；孩子成绩落下了，他（她）都没有精力去辅导；而且爱人为了支持他（她）的工作，还挑起了家庭的全部重担，牺牲了本该属于两个人的欢娱时间。如果一个人的教学沦于这个份上，那么这种教学传播的肯定不是"人"学，而是"神"学。中华文化历来崇尚以人为本，崇尚一个"和"字，就是告诫我们做事要合乎人情人理，要讲究身心和谐，而不能形而上地走极端。走极端就难免扭曲，难免短视，对学生影响肯定会不好。

我们能建设好自己的家庭，本身就能让我们朝气蓬勃，从而给予学生积极的影响。我们家庭合欢、夫妻恩爱，便是给予学生最美的散文；我们孝敬老人、照顾家人便是给予学生最真的记叙文；我们把自己的孩子教育好培养好，便是给予学生最有说服力的议论文。我一直在想一个问题，如果一个老师赢得了很多场高考，培养出了很多尖子生，但却最终没能教育好自己的孩子，那么，这个老师的教学到底是成功还是不成功呢？答案需要我们每一个老师去思考去掂量。

不管怎样，我始终认为，一个家庭和谐向上的老师，他（她）对待学生也必定是和风细雨，并为之计深远的。他（她）肯定不会暴躁，不会功利，更不会偏激。他（她）教出来的学生也必定会身心和谐极富生长力。譬如，我的一个学生下晚自习后，发现我的爱人经常在路灯下等我，接我，后来这个学生就对我说：徐徐老师，您爱人对您可真好，看着都幸福咧……我相信，这个学生成家以后也一定会成为一个很会爱护他家人的人，这可比他语文考了多少分更重要。我们有些学生，在现代浮躁的社会里，备受父母争吵出轨乃至离异的打击，导致他们不相信家庭不相信婚姻，心情悲观，态度消极。而我们语文老师，如果能在践行中国传统美德上给予学生更多良性的影响，这是不是一种更广泛意义上的语文做功呢？我的女儿，我们从来就不因工作而忽视对她的教育，我们总是细心耐心地引导她，尤其在读书写字方面，对她多有要求。后来女儿考上了北京的重点大学，又如愿以偿地申请到了英国爱丁堡大学的研究生。试想，这样的家庭这样的结果，是不是更能激励自己教的学生呢？

我一直以为，我所教过的学生，并不一定会在高考分数上反映出来有多么拔尖，但一定会是语文素养比较纯良的学生，这正如很多作家在做自己的文章编成的阅读题时，其得分往往还不如一个中等生一样，但这并不妨碍他成为一个优秀的作家，因为，语文素养有很多是考不出来的。这届学生高三毕业，一个考上武汉大学的叫李苗的学生送我一碗青莲，并附上一句话：先生之风，山高水长。我第一次听到"先生"这个称呼，心里沉静了很久。至今这个孩子都还在跟我交流她读书的情况，包括她读到的好文，好句，时不时用微信发给我。她告诉我，她在大学都没有放弃过读书写东西，还参加了学校的文学社。我相信她以后也一定会成长为一个过一世生活、做一世文章的人，这就够了。

说到底，我们语文老师，不能埋头只做本行内的语文老师，还要学会做一种"外行"型的语文老师；这样的语文老师，才是一种复合型的生长型的语文老师，他（她）所构建出来的语文教学，也必将是一种生态型的大语文教学！

以上纯属跑题，唯有最后一句是正题，那就是：祝我们语文老师都幸福快乐！祝我们的语文教育更和谐美满！

第二章　给学生写作一点门道

第一节　黄钟大吕今何在

——谈谈中学生作文的集体"缺钙"

不知从什么时候起，中学生的文风正悄悄地发生变化。随手翻开任何一本《中学生优秀作文选》，"你很少能够看到朝气蓬勃的青少年学生的身影，那种好奇、求知、敢说、敢想、美丽的憧憬、豪爽的气概几乎见不到，常常见到的就是小人说大人话、空话、套话、大话，看不到生活的露水，闻不到思想的芬芳。"（于漪语）那种有棱有角有骨力有豪气的文章正"行走在消逝"中，而一些唯美、琐碎、柔媚的篇什却渐成燎原之势：有的醉心于自我的小圈子里，一味地感春悲秋，自怨自艾，一派多愁善感哀情绵绵的姿态；有的则精心地调弄着一些心灵鸡汤小资情调类文章以悦人眼目；有的则一味地修饰辞藻，雕琢词句，追求一种文字上的绮丽华美而不管内容的充实和思想的深刻与否。诸如种种，不一而足。难怪近些年来一些有识之士在不断地惊呼：当代中学生作文集体"缺钙"！

集体"缺钙"，可不是个什么好兆头。"文如其人"，一代文风的背后折射出的是一代中学生的人生观、价值观的取向问题，不可小视，应该引起我们尤其是语文教育工作者的认真思考，并积极寻找对策。

中学生作文为什么会如此大面积的"缺钙"呢，笔者认为有以下几个方面的原因。

一、学生自身的原因

1.学生阅读面狭窄。曾有人对某所中学的高一年级学生进行了一次阅读调查，调查显示，很多学生都青睐选择娱乐气息浓厚的青春小说、网络小说、武侠小说、惊险传奇小说以及一些幽默搞笑的漫画、杂志为自己的课外读物，而对那些思想性强、具有教育意义的教辅读物以及蕴含着深厚文化底蕴的经典名著则冷眼相看。阅读的趣味逐渐偏狭，问其原因，很多中学生则表示：如今面临的学习科目多，学习压力也大，平时多忙于题海战术，有点空闲的时间就只想读点浪漫、搞笑、轻松的读物来放松一下，至于那些经典名著，则没多少时间看，再则读起来太费神，没那个兴趣。

2.学生思维品质低下。大多数学生由于平时忙于学习，忙于课业，对身边的人和事缺乏应有的留心和思考，即使对一些重大的社会事件、有价值的新闻事件也仅仅只停留在表层的感知，而很少去思考它背后的原因，不能透过现象看本质，缺乏洞察力。对于所读的一些报刊书籍，也很少能够做到独立思考，批判吸收，灵活运用，使得自己的大脑很轻易地就成了别人思想的跑马场，写出来的东西自然肤浅单薄，缺乏个性和真知灼见。

二、家庭教育的原因

学生家庭教育的情况也很不乐观。现在的学生多为独生子女，一般情况下都会受到六个大人十二只眼睛的看护，就是这张亲情编织的恢恢"天网"，使得孩子们自由活动的空间被限制，可以归纳为"四不"：不让动手只让伸手，不让张罗只让张口，不让随便发言只让随便花钱，不让看电视看"闲书"只让看学习的书。

更有甚者，一般是不放孩子外出的，理由是外面的陷阱太多，怕孩子上当受骗。就算有心的家长能将孩子带出去见见世面开开眼界，但大多是人去心没去，"爸爸手机叫，妈妈购物忙，上车就睡觉，下车就尿尿，见景就拍照，回到家里，俺啥也不知道"（一学生在作文中如是说）。设想处在这种温室中的孩子你能指望他长成根粗干壮的大树，能指望让他去"敢于正视淋漓的鲜血，敢于直面惨淡的人生"，然后手握如椽的大笔写出黄钟大吕、惊涛拍岸样的篇章，挥洒出"问苍茫大地，谁主沉浮"的豪情吗？

三、学校教育的原因

现在很多学校都实行全封闭式的管理，学生整天只能在寝室、食堂、教室三点之间游移，很少能有机会与社会、大自然接触。再加上考试、升学的压力，那种"两耳不闻窗外事，一心只读教科书"是常有的情形。能够开设阅读课、开放阅览室、组织学生进行社会实践活动的学校更是少之又少，有的即使做到了也很难面向全体学生。

教师也存在对学生的阅读、写作指导不到位的问题。一方面，许多教师迫于考试考核的压力忙于备课、做题、批改作业，忙于学校繁杂的事务，无暇读书，导致知识老化，对社会问题思考得也少，因此也就无力为学生的阅读和写作指点迷津。另一方面，现在的教师出于应试的需要，对学生作文形式方面的问题譬如技巧、语言、文采等指导得就要相对多些，因为这样能收到立竿见影的效果，而对其中立意、格调、选材等内容方面的问题就关注得相对少些。在阅读指导、作文点评上，也比较倾向于那些精美的纯粹的小品文样的文字，而忽视了学生个性化的阅读和写作。

四、社会环境的影响

中学生作文的集体"缺钙"现象的产生也不是偶然的，跟我们当今社会的文化语境很有关系。当今正悄然流行起一种娱感化、女性化的文化潮流。君不见，一些大小电视台都纷纷亮出娱乐大旗，高喊：我们的口号是生产快乐。于是娱乐节目一时间铺天盖地席卷而来。人们的审美情趣在这股声势浩大的泛娱乐化潮流的影响下，不知不觉间发生了变化。越来越多的人在文字和图片之间选择了更吸引眼球的图片，越来越多的人在经典名著和娱乐读物间选择了娱乐读物，越来越多的人在严肃影剧和戏说影剧间选择了戏说影剧。于是郭敬明、张悦然、饶雪漫等青春掌门派的书榜上有名，金河仁、村上春树、渡边淳一等日韩小说风靡一时。

近几年来，诸如心灵鸡汤和小资情调之类的文章也风生云起，这些温雅之文也成了老师的秘籍、学子的至爱，甚至高考作文题都心照不宣地"模仿"，某一年的部分高考作文题就被人惊呼是"清一色温婉而脱世"，充满了柔媚的倾向。而那些将中学生视为主要消费群体的大小杂志，其征稿启事也更是明确规定了诸如"幽默、生动、搞笑""灵性美文""情感散文""心灵读本""少女情怀""唯美絮语"等深情婉约的要求，这就无形之中影响了中学生的阅读和写作趣味。试想在这样一种偏于阴柔的文化环境的耳濡目染下，学生的作文又怎能不深受影响？

由此可见，造成中学生作文"缺钙"倾向的原因是多方面的，当务之急是积极寻找"补钙"良策，认真地对症下药，这对于纠正青少年的文风乃至审美观价值观都有重要意义。那么，如何才能让中学生的作文"钙质"丰富起来，进而写出有个性有棱角有骨力的文章呢？笔者认为可从以下几个方面着手。

1. 引导学生树立当代意识

"文章合为时而著，歌诗合为事而作"，任何思想、任何文章如果脱离了时代，脱离了社会，脱离了人生，就会像无源之水、无本之木一样，其结局是可想而知的。语文老师应该引导学生树立明确的时代意识，引导他们多关注自然，关注社会，关注人生，关注人类的命运，养成勤思考、多感悟的习惯，告诉他们大凡成功的文学家都会有一种伟大的悲天悯人的气概和对国家、民族的无限热爱，这是任何一个时代都需要的，只有这样，才能逐步引导学生树立起一种强烈的社会责任感和使命感，也只有这样，学生作文才能真正朝着新奇、深刻、高远、大气的方向发展。

为了树立学生的时代意识，教师可以经常把社会热点焦点问题适时引入课堂。由一带一路、进博会来引导学生关注人类命运共同体的问题；由巴黎圣母院遭火来引导学生关注世界文化遗产的保护；由频频的矿难、失学儿童的眼泪来告诫学生还有许多人挣扎在贫困线上。将这些社会现象适时引入课堂，引导学生思考分析，就会让学生深切地感受到这人生中除了花草月亮、胆怯的爱情、小模小样的哲理，还有如此多的大苦难大抉择大追求大使命！平时还可引导学生看《新闻联播》《焦点访谈》《今日说法》《人与自然》《百家讲坛》等时代性、思想性强的电视节目，帮助学生开阔视野，活跃思维，只有让学生平时做到了"家事国事天下事，事事关心"，才能让他们写出力透纸背的大气文章来。

2. 指导学生多读名篇名著

法国文艺评论家布封曾说："伟大的作品是伟大灵魂的回音。"我们要指导学生广泛地涉猎文学上的名篇名著，用这些人类最美好的精神食粮去滋养他们，这样才能提高他们的思想境界和审美情趣。"有境界则自成高格"（王国维语），境界高了，情趣高了就自然能写出气象可观的文章来。

近来教育部在颁布两个课程标准中就明确指定了一些中学生必读的名篇名著，倡导整本书阅读，教师应该及时借助这股东风采取各种方式来激发学生的阅读兴趣，力争将这些名篇名著的阅读落实到位。比如可以举行阅读讲座，指导学生掌握阅读的一般步骤和方法；可以定期举行读书报告会，让学生交流阅读体会；还可以开展丰富多样的阅读活动与竞赛，激发学生阅读的兴趣等。在指导学生加强名篇名著阅读同时，也可以适当地向学生介绍一些新人新作，文坛新动向，及媒体介绍的作品。因为这些作品关注当代生活，能以新的视角触及社会生活的各个层面，有助于学生提高对于生活的敏感度，不断更新思想。

3、增强学生的悲剧审美教育

悲剧能催人奋进，唤醒人难以想象的生命潜能，促使人更加敬畏生命、热爱生命。一个有着悲剧文化底蕴的民族是积极进取、生命力旺盛的民族。而我们这个自古受到儒家中庸、道家无为思想熏陶的民族向来都崇尚喜剧，即使"悲剧题材都经常被写成喜剧"（朱光潜）。这也是当今娱感文化、柔媚文风产生的一个深层次的根源。因此要从根本上矫正中学生作文的"缺钙"倾向，还要大力对中学生实行悲剧的审美教育，青少年只有经历过悲剧精神的洗礼，才能成长为拥有坚硬骨骼、坚强灵魂的人。我们必须告诉我们的学生们：现实生活中除了杏花、春雨、江南，还有铁马、秋风、塞北；除了花开的声音、雨落的旋律，还有心灵与现实的律动；除了繁华盛世，还有苦难和悲怆，还有挣扎、激愤、愁苦、使命、责任、法治、公民意识……

所幸的是，近来一些有识之士也在强烈呼吁：在对青少年进行审美教育的同时也要适当地进行审丑教育、审荒诞教育以促进其健全人格的形成。如此看来，矫正中学生作文集体"缺钙"倾向虽任重道远，但毕竟有很多人已经开始了思考，并且也迈出了坚实的步伐。期盼不久的将来，我们能看到越来越多的"指点江山，激扬文字"的黄钟大吕之文出现！

第二节　吹尽狂沙始到金

——谈谈如何选取最佳立论

面对漫天的风雪，柳宗元吟出了"孤舟蓑笠翁，独钓寒江雪"（《江雪》）的诗句，虽不乏诗人的孤傲，但毕竟满目凄凉。而久居边塞的岑参，面对胡天飞雪，却慷慨激昂，"忽如一夜春风来，千树万树梨花开"（《白雪歌送武判官归京》）。毛泽东笔下的北国雪景，更是激越豪放，气势磅礴，"山舞银蛇，原驰蜡象，欲与天公试比高"（《沁园春.雪》）。同为雪景，却意境迥异，真是仁者见仁智者见智。不同的人从不同的角度看，得到的答案是不同的。达·芬奇的老师弗罗基尔说："即使同是一个鸡蛋，只要换一个角度看它，形状便立即不同了。"难怪苏东坡说："横看成岭侧成峰，远近高低各不同。"我们议论文写作也是这样，要学会从不同的角度去认识事物，从而选取立论的最佳角度。

怎样才能选取立论的最佳角度呢？

首先要多思善想，做到立论角度的多样化。立论角度之所以可以多样化，主要源于客观事物是复杂的，多层次的，多侧面的。要想做到立论角度的多样化，离不开发散性思维的应用。发散性思维有多种表现形式，主要表现为多向思维、侧向思维、反向思维三种。下面就具体分析一下。

1. 变换角度，多向思维

多向思维要求尽可能从众多的方面来考虑同一问题，即发挥思维的活力，使思维不要局限于一种模式。譬如围绕"门"进行思考，就可以确立这些观点：长城和海关——谈中国过去的封闭和现在的改革开放；生死门——谈生和死带给人们深沉的思考。再如以"雪"为题，可以赞美雪的洁白无瑕、一尘不染，可以赞美雪温暖大地、滋润万物的奉献精神，也可以鞭挞雪的虚伪懦弱，以洁白的外衣掩饰世间，鞭挞雪的冷酷无情，所到之处千山枯寂，万物萧条。等等。

2. 旁敲侧击，侧向思维

侧向思维在写作上的表现就是不同领域不同思路的交汇，在交汇处获得新的观点，找到新的解决问题的办法。譬如鲁班从草拉破手发明锯，海军和陆军两条思路的交汇处是海军陆战队，散文和诗的交汇就是散文诗，小说和摄影的结合就是摄影小说。

3. 反弹琵琶，逆向思维

逆向思维又叫求异思维，指与人们惯常的思维方式相反的一种思维方式。辩证法告诉我们，世上万事万物都是对立统一的，但事实上人们总是习惯于认识事物的此一面，而忽视其彼一面。若能用逆向思维破除"从来如此"的思维定式，从彼一面去探索，反其意而思之就会有新颖独到的发现。逆向思维之于写作，即古人所谓的"翻案法"。比如，由"良药苦口利于病，忠言逆耳利于行"反思到良药裹上糖衣，人们会更爱吃，同样利于病。做思想工作如能以理服人，以情动人，推心置腹，促膝相谈，更能使人茅塞顿开，心悦诚服。但在求异的同时，也一定要严格遵循事物的客观规律，把握事物的本质，不能为了刻意求异而弄巧成拙。比如，"不要滥竽充数"绝不能翻案成"滥竽也可充数"，"骄兵必败"也决不能说成"骄兵不败"。下面再举一些熟语翻新的例子：

眼见为实（眼见未必为实）、损人利己（损人并不利己）、这山望着那山高（就该追求高目标）、愚公移山（移山不如搬家）、枪打出头鸟（高飞吧，出头鸟）、班门弄斧（弄斧就应到班门）、近墨者黑（近墨者未必黑，还可让墨者变白）、异想天开（不异想哪来天开）、人言可畏（人言也可敬）、知足者常乐（不知足者常乐）、艺高人胆大（河里淹死的多是会游泳的人，艺高也要谨慎）……

上面讲了发散思维的种种形式。下面试以"滥竽充数"这则寓言为例，对它进行发散思考。从正面思考，可以认为是批评南郭先生不懂装懂。从侧面思考，可以认为是批评齐宣王的"大锅饭"制度，给滥竽充数者以可乘之机；可以认为是表扬齐湣王不墨守先王之法，厉行改革，使无能者无藏身之处；可以认为是责备其他吹竽者充当老好人，任凭南郭先生混迹其中，不予揭露。从反面思考，可以认为是南郭先生最后逃走，没有硬占位子，还算有点自知之明。

其次比较筛选，选出最佳立论角度。立论角度的选择是文章"生死攸关"的大事，就像战前决策一样，角度选择不妥就是决策失误，会影响整个战局。那么找到各种议论角度之后，该怎么进行比较筛选，找出最佳角度呢？可从这样四个方面着手。

1. 立论要切口小——劲道

立论要把握从小的角度论证，抓住论证的重点，使论述对象由面到线到点。经过从小处着手的处理，论点的范围缩小了，题目也由宽变窄，易于深刻论证；由泛题变实题，易于使用材料；由大题变小题，易于全面论证；由繁题变简题，易于多角度论证。总之，立论角度小，便可运用最少的笔墨来深刻论证论点。比如以"坚守"为话题，写一篇议论文，就可以通过在它前后加词语缩小外延的办法来立论：

（在困境中、在世俗的洪流中）坚守（必胜的信念、高洁的志趣、人生的准则、内心的宁静、人间的真情、道德的底线、人生的梦想等）

2. 立论要准确——生命

立论准确是一篇议论文的生命所在。立论首先要正确——没有错误，符合时代精神，符合民族传统美德。其次要准确，合乎试题要求，不偏题，不离题，不走题。同时要有针对性，能够针对不良社会风气和倾向矛盾，针对偏颇乃至错误思想，运用正面引导和批评论辩的方式对症下药。这些作文大致上分别选取下边角度展开议论：

①批评现行考试制度，认为考试内容、形式和评价学生的标准是产生作弊的根源。

②批评弄虚作假的社会风气，认为作弊是社会腐败的孪生兄弟。

③批评某些学生只要分数，不讲诚信，认为提高学生的道德水平是根绝作弊的重要途径。

分别从这三个角度写的作文，都是优秀的；但从第三个角度写的优秀作文最多。其原因就是这个角度最有针对性。它切合学生自身实际，容易说的中肯，有说服力。

3. 立论要新颖——亮点

《香菱学诗》一文，叙述香菱在林黛玉的指导下读诗、写诗的经过。对这个故事，一般都是从香菱苦学的角度或林黛玉指导得法的角度展开议论。这些角度当然可以写，但多少有些陈旧，茅盾则不然，他选取香菱急于"做个诗人"的角度展开议论："使她着了'迷'的，不是杜工部他们的作品，而是她自己想做诗人这一念的'虚荣'……现在常听得人说：'多读作品，学取技巧。'这话是不错的，但假使像香菱似的一面读杰作，一面心里想：'我读完了这些，我就是文学家了。'那他还是白读。他读杰作的时候，应当毫无杂念，应该只是走进书去，笑时就笑，哭时就哭——他应该入迷！所谓技巧的学得这一步，是在他几次'入迷'以后自然而然的结果。"（《论"入迷"》）由于这个角度新颖，因此所发议论不同凡响，给人以新的启示。但要注意立论新颖是对客观生活的升华，而不是脱离真实的标新立异；是解决问题的新见解，而不是片面地追求独树一帜。

4、立论要深刻——灵魂

立论要反映客观事物的本质，挖掘出生活的底蕴。要能透过现象深人本质，揭示问题产生的原因，观点具有启发作用。立论深刻是一篇议论文的灵魂。歌剧《白毛女》正是因为观点的深刻性才会吸引人。二十世纪三四十年代，有人在一座破庙看见一个鬼，长着长长的白头发。就有人报告了当地政府，于是派人抓住了这个鬼——原来是一个人。她因地主逼租，长年生活在山上。这时山上没有东西吃了就下山来找吃的。本来就这一个故事，经剧作家一加工，主题就变成了：旧社会把人变成鬼，新社会把鬼变成人。这么一改，故事的立意就格外深刻有力、发人深思了。还有这么一则故事：一个母亲严格要求儿子，望子成龙心切。儿子就反问母亲："您望子成龙，您是龙母吗？"读了这则故事，大多数人都会从"压力过大会产生逆反心理""成龙成凤关键是靠自己"等方面立意，这很一般。但如果能够提炼出"望子成龙，母亲首先要做龙母"的立意就深刻得多，发出了时代之音，切中了时弊。

明确确定最佳立论角度的四个标准后，我们再以一个具体例子来综合说明一下：

据报载，神农架区野猪林曾一度为患，有人想出在电线杆上装高音喇叭、播放狮叫虎吼的声音吓唬野猪的办法。开始倒很有效，后来，野猪非但不怕，反而拱倒了电线杆。

根据这个材料，出现了如下立论：①适者生存；②不能姑息迁就；③骗，终非长久之计；④动动真格如何；⑤要顺应时代潮流；⑥弄虚作假者戒；⑦既要声势，更要行动；⑧形式主义要不得；⑨做个"野猪"又何妨；⑩改革才会有新发展。

上面十个立论中，①②⑤⑩这四个立论脱离了材料的意旨，属立论不准确；③④⑥⑧属于立论准确但流于一般；⑨这个立论过于标新；⑦这个立论既准确又全面且比较深刻，能切中时弊，当属最佳立论。

第三节　裁得云锦织天章

——谈谈论据的选择和使用

如果说论点是一篇议论文的根基，那么论据就是这篇议论文的枝叶。根基的作用自不待言，但如果少了枝叶的陪衬和充实，那么这根基也只会是一个毫无生气的死木疙瘩。如果能让根基适度地覆盖一些枝叶，那么这根基也就活络了，这大树也就丰茂了。论据对于论点，作用也就在此。因此，能围绕论点选择和使用恰当的论据就显得尤为重要。选择论据，讲究的就是一个"淘"的艺术，千挑万选，千淘万漉，才可得真金，才可使论据"恰恰啼"在当紧处；使用论据，注重的是一个"裁"的艺术，对论据进行精心地剪裁、打理、拼缝，就能使论据更好地论证论点，从而赢得文章的一片锦绣春色。下面就论据选择和使用的知识和方法简要谈谈。

一、论据的选择

论据的作用是为了支撑和论证论点，如能选出恰当的论据来就能起到以一当十、四两拨千斤的作用，从而使论据更有力、有效、有质地证明论点。选择论据的标准比较多，但最基本的只有四点，那就是：准、真、精、新。

1、准：具有针对性

准，是指论据要能紧扣论点，完全支撑论点，具有强烈的针对性，做到观点与材料的高度统一。如果貌合神离，不但会削弱文章的说服力，而且还会成为文章的累赘。如为"勤能补拙"这个论点选论据：

例1：我第一个电子学女博士韦钰在西德进修期间，没有空暇到繁华的街头漫步，没有精力去剧场、影院欣赏艺术，她一心扑在专业学习上，就连生病也拒绝休息。正是刻苦，才使她为祖国赢得了荣誉。

例2：梅兰芳小时候口吃，为了弥补这一缺陷，他坚持每天早上含沙练唱，最终改掉了口吃的毛病，成为一位闻名中外的艺术大师。

分析：例1是不准确的。因为韦钰确实是"勤"，也取得了成功，但韦钰并不拙，与"补拙"毫不沾边。例2是准确的。因为梅兰芳的确是"拙"——口吃，但经过"勤"——每天早上含沙练唱，最终"补拙"——改掉了口吃的毛病成为一代大师。

2、真：具有可靠性

真，是指论据不能胡编乱造，不能断章取义，不能和事实有出入。叙述事实要注意人物、事件、地点、时间的准确性，引用别人的话要注意没有半点出入。请看《谈爱国》中的一段话：

"天下兴亡，匹夫有责"，这是爱国诗人屈原的誓言，屈原以他的爱国行动实践了他的誓言，临死时还高喊着"还我河山"的口号。古人的爱国精神值得我们学习，今人的爱国精神更令人敬仰，如伟人毛泽东少年读书时就说过："为中华之崛起而读书。"

这个论据把顾炎武的话及岳飞的名言说成是屈原的，把周恩来的话放在了毛泽东身上，张冠李戴，破绽百出，论据严重失实，背离了真实可靠的原则。

3、精：具有代表性

精，是指选择的论据要典型，即要选取那些最有特征、最有代表性、最有说服力，最能有力揭示事物本质、集中证明论点的材料来做论据从而来证明论点，这样的论据就能收到以一当十、以少胜多的精当效果。并且在选例的时候如能兼顾到例子的多样性如不同的领域（政治、经济、军事、思想、文化等）、不同性质（正面、反面）、不同国别（中国、外国）、不同的时间（古代、近代、现当代）的话，那么这样选例就会因具有普遍意义更富有典型性。

譬如在 2009 年安徽一考生的满分作文《弯道超越》中，为了证明"唯有超越人生的弯道才能走向成功"这个观点，作者选取了若干事例：禾苗必须要经过风霜雪雨的"弯道"、夏蝉必须要经过痛苦挣扎的"弯道"才可茁壮成长，毛泽东反围剿时从"弓背路"中寻到了生机，苏东坡超越黄州弯道写出了华章，骆家辉家族经过百年的奋斗史终于走进华盛顿州长官邸……这些事例不仅精当富有代表性，而且涉及广泛，从古今中外，自然、人类，军事、文学、政治等角度全面深入地论证了论点，可谓十分典型。

4、新：具有鲜活性

新，一是指论据本身是新的，别人很少用过，即人无我有；二是论据虽然是旧的，可角度却是全新的，即人有我新；三是富有时代气息。

着重谈谈第二点。如："老马识途"这个材料一般是用来说明经验的重要性。但我们换个角度思考，也可用来证明做事的循规蹈矩，没有创新。屈原的材料一般被用来证明爱国精神，2008 年一湖北考生却用它来证明举手投足之间所反映的人的素养，说他常佩香草鲜花，足见一种内美修能。再如某则材料说某市长特地叮嘱法院要洗清一农妇的冤屈，还她一个清白，结果这个拖了十几年悬案没用一周就解决了。农妇感激涕零。

二、论据的使用

前面说过，论据的使用是一门裁缝的艺术，裁缝得当，议论生辉；裁缝失当，论证无力，因此要高度重视。

1、裁——瞄准论点概括论据

契诃夫说："要知道，在大理石上刻出人脸来，无非是把这块石头上不是脸的地方都剔掉罢了。"同理可得，概括论据也就是要瞄准论点，剔除材料中与论点无关的部分，将材料高度浓缩，高度概括，让材料中每一个字每一句话都直击论点，切忌一些无关紧要的叙述甚至描写。如要用楚天都市报荆楚网报道的长大三学子的事迹为论点"敢于担当"做论据：

2009年10月24日下午2时许，在湖北荆州宝塔河江段江滩上的两名小男孩不慎滑入江中。正在附近游玩的长江大学10余名男女大学生发现险情后，迅速冲了过去。因大多数同学不会游泳，大家决定手拉着手组成人梯，伸向江水中救人。其中一位同学顾不上脱掉身上的衣服，便跳入水中营救落水的男孩，另外几名懂水性的同学紧跟在后面跳入江中……两名小男孩获救了……陈及时、何东旭、方招3名大学生却因水流湍急，体力不支，沉没在江水中……

就可以这样概括：2009年10月24日的下午，长大三学子陈及时、何东旭、方招不顾水流湍急，勇敢地跳入江中营救两名落水男孩，用年轻而短暂的生命毅然担当起了社会见义勇为的责任。概括的关键点就是时间、对象、主要事迹以及担当的内容，其他的信息比如具体地点、营救过程、其他人的行为等都可舍去。

2、理——紧扣论点分析论据

这里介绍几种实用的分析法。

①正反分析法

这种方法，就是在列举事例后，再从正反两个方面对事例进行分析论证，以强化论点。

示例：挚爱的丈夫不幸死去，这无异于晴天霹雳在李易安的头上炸响。从此再没有福气比翼双飞共修《金石录》，新婚时娇问丈夫画眉深浅的幸福时刻也一去不复返。面对这样的变故，李清照没有化作明日黄花在西风中凄凄惨惨戚戚，而是勇敢地跨过了这道坎，在飘零的南宋活

出了一个顽强美丽的易安居士。（高考优秀作文《必须跨过这道坎》）

语言标志有"没有……，而是……""不仅没有……，反而……"等。

②假设分析法

这种方法，就是列举事实论据后，从反向假设进行分析，以揭示论据和论点之间的内在联系。

示例：心无旁骛地研究，才有了无人能及的熟悉，才造就了千古流传的功绩。冷僻枯燥的文字没有阻止住他钻研的脚步，孤独凄凉的大漠没有阻止住他探访的脚步，冷嘲热讽的眼光没有动摇他追寻的心灵。当对西域一种即将失传的文字达到无人能及的熟悉时，人们毫不吝惜地把"国学大师"的称号赠予了季羡林先生。如果没有对文字的熟悉，他就不会有巨大的成就；如果没有对汗牛充栋的经典的熟悉，他就不会有深刻的认知；如果没有对华夏典籍的熟悉，他就不会有真知灼见的眼光。（四川卷高考满分作文《熟悉》）

语言标志有"试想……""如果（倘使、假如）……，那么（就）……""若无……，怎能……"等。

③因果分析法

这种方法，就是在列举事例的基础上，分析产生这一事实产生的直接或间接的原因，这原因就是所要证明的观点。

示例：自信是使平凡蜕变成伟大的金钥匙。美国历史上最伟大的汽车推销员乔·吉拉德至今保持保持着一天卖出6辆汽车的惊人纪录。当被问及成功的秘诀时，他仰起充满自信笑容的脸："因为我相信，我是最棒的！"正是因为吉拉德心中自信的火把一直熊熊燃烧，于是他大把地向世人抛出名片，推销自己，倾听他人，馈赠微笑，最终自信这双隐形的翅膀承载他的梦想，伴他飞向了成功的金字塔顶。（北京卷高考满分作文《我有一双隐形的翅膀》）

语言标志有"正因为如此……，所以……""之所以……，是因为……"等。

④引申类比法

这种方法，就是把列举的事例加以引申或类比，联系实际，突出其观点的现实意义。

示例：英国数学家多番维尔倾注了三十多年的精力，把圆周率值推算到小数点后八百多位。可是后人发现，他在第三百多位时就出现了错误，也就是说，他后面二十来年的努力都是白费。科学是容不得半点马虎的，多番维尔如果能在推算过程中经常客观地审查自己的步骤和数据，就可能不会留下这个遗憾了。科学如此，人生又何尝不是？常常听人后悔自己什么做得不好，什么不该做，事后再多的悔恨也于事无补，我们应该从中吸取教训，对"出"的意义有一个更好的认识。（湖北卷高考满分作文《人生的"出"与"入"》）

这段话由科学领域的事例，引申类比到人生方面，从而得出"一个人做人、处事或认识社会应出乎其外，审察反观，这样才不会犯错"的道理。

语言标志有"都如那样……""尚且如此，……又何尝不是这样……""依此类推……"等。

3、缝——围绕论点组合论据

组合论据有两种最基本的方法：

①排比用据：就是将一系列材料铺排叠加，以增强论说的气势。此法多用于人们比较熟悉而不需要详说的事例，在铺排时可尽量做到句式整饬，角度多样。

如一篇关于诚信的满分作文中这样写道：

当卧龙草庐外的刘皇叔在朔风飞雪中久久伫立的时候，当古人在昏暗的灯下奋笔疾书"索物于暗室者，莫良于火，索道于当世者，莫良于诚"的时候，当一箱箱假烟假酒、盗版光盘在熊熊烈火中化为灰烬的时候，我们看到了一个古老却又鲜活的词语在历史的词典里永生——"诚信"。

文段采用"当……的时候"的句式串起三个从古到今的事例，强有力地证明了诚信的重要性。

　　②对比用据：即将正反两方面的论据对举，以增强论说的力度。

　　如考场佳作《为生命的画板涂色》，作者以"在生命的那一刻，有的人选择了逃避，有的人选择了前行"这样单刀直入的开头段落确立了论述主旨。然后，就接着写道：

　　李陵投降匈奴，确是形势所迫，身不由己，但夜幕落下时，他也无时无刻不在遥望关中明月，泪眼婆娑，企盼重归故里的那一刻。

　　苏武却选择了义无反顾的信念，忍受着大漠风雪，苦守着边关冷月，过着衣不蔽体、食不果腹的生活，为了那柄汉节，岁岁年年，年年岁岁。

　　这两段文字，运用正反对比的论证方法，紧紧地扣住了"逃避""前行"的论述主旨。

　　最后用一句结束全文：

　　选论据，细淘漉，恰恰啼在当紧处，

　　用论据，巧裁缝，时时舞出春满文。

第四节　水取柔肠山取骨

——谈谈如何巧妙叙述论据

　　议论文写作是高考的主流。对于议论文的写作，很多人做过了一些比较深入的研究，如论据的使用方法、论据的分析方法、议论文的谋篇布局、议论文的论证方法等，为我们写好议论文提供了不少切实的帮助，但这些都是从宏观上做的一些研究，所谓的"出乎其外"；但是，为了让议论文写得更精彩动人，在发展等级上取得高分，我们还必须"入乎其内"，在细节上多做些研究。众所周知，论据是一篇议论文强有力的支撑，但多年来，对论据的叙述方式这个层面上相应的研究还比较少。综观学生的写作，在论据的叙述方式上也大都比较单一，客观的直白的平铺直叙的叙述方式成为写作的主流。如此写作，固然平稳，但也很容易流于平庸，在高考作文发展等级中"有文采"一项上就会大打折扣。一高考阅卷者曾坦言：议论文固然重理性思维，但如果能在理性思维的基础上又见文采见情韵的话，那就自然更能折服人。诚哉斯言！一篇上乘的议论文就应该是严谨的理性和生动的感性之间的水乳交融。打个比喻，也就是在山的稳重中融入水的灵动，这方是议论文的胜境。要想达到如此胜境，对论据的巧妙叙述就是一条捷径。鉴于此，笔者在论据的叙述方式上做了一些比较细致地研究，现将它们归结出来，以飨读者。

一、润点修辞

论据的叙述不加修饰单只让它素面朝天固然朴实，但一味地素面朝天就没了动人之处，就如一片万绿中却不见一点红一样，难免会单调板滞。如果能在这片万绿丛中略加点染上一两点"红"的话，那么这论据就自然清新喜人了。这一两点"红"也就是修辞。给论据适当地润点修辞，很有助于改变论据叙述的死板面貌，从而更有助于论证论点。请看下面两个例子：

例1、还记得那个持竿垂钓的庄子吗？面对功名利禄，他做的仅仅是超脱。明月清泉在怀，相位富贵离身，孤傲的心灵让他如一股清泉洁净无瑕，坦然的心境使他如一只逍遥的大鹏拥有最绚烂的世界；为了心境的那一份清白他驰骋于疆场，纵使生命结束了，他一颗为民系国的心，却感染着千万民众。（湖南卷高考满分作文《心际的诗意人生》）

例2、当无数的掌声响彻赛场，伊辛巴耶娃，这一撑杆女王，再次面对成功绽放她芬芳的笑靥。她如玫瑰般美丽盛开之时，谁又曾知晓她曾面对着一个体操赛场，暗自神伤？身高的突增使她被迫与体操告别，可她选择了一个更合适自己的领域，从此一根竿，一个绝美的女子，演绎着体育王国的一个童话，和她的名字一起，摇曳在无比绚丽的人生顶端。那一方舞台，回报给她的，不仅是名利，还有一种来自生命底端的极致欣喜。（福建卷高考满分作文《站对人生的舞台》）

例1在叙述庄子这个论据的同时巧妙地润进了设问、对偶、比喻等修辞手法，尤其是"一股清泉""一只逍遥的大鹏"的贴切比喻，更是形象生动地说明了庄子心际淡泊超脱的诗意人生，同时文笔的诗意还暗合了题目的"诗意"。例2采用反问和比喻的修辞手法生动了文意，除此以外，"绽放她芬芳的笑靥""摇曳在无比绚丽的人生顶端"等一些比拟手法的应用还格外鲜明地表明了伊辛巴耶娃在"站对人生的舞台"后所迸发出的生命的精彩。

二、变点句式

一般的论据叙述总是以散句、常式句为主，但如果能花些心思，在叙述时能尽量顾及句式的变化如整散结合、长短相间、常式句和变式句兼顾的话，那么你的论据叙述一定会风生水起，摇曳多姿，更好地为证明你的论点服务。如下边两例：

例1、还记得北海牧羊的十九载的苏武吗？十九年的风雪，十九年的黑暗，十九年的痛苦，苏武没有倒下，在那一个个寒冷的冬日，他总是守候着春暖花开的信念，日出而作，日落而归，他将自己炼成一株天山雪莲，静候春天的到来。春天来了，小草绿了，雪莲开了，一群鸿雁引导着他回家了。他成了当代人心中永远的英雄，他被写入史册，成了不朽的丰碑。（山东卷高考满分作文《春来草自青》）

例2、南怀瑾大师曾笔耕不辍，粗茶淡饭，日日清贫，他影响并改变了许多人的人生轨迹。因为他，多少人褪去了贪婪，多少人摆脱了痴狂，多少人甩掉了名缰利锁。无数的头衔、赞誉向他涌来，他只是淡定从容地生活。可他越不在乎，那似乎得到的就越多。他不屑于出山，他无意于下海。试问，当今之世，普天之下，有几人能与之媲美？看来，往往是春来草自青，不刻意地追求，不故意地雕饰，平平静静，安安稳稳，该来的，自然到！（山东卷高考满分作文《禅悟》）

这两例分别叙述了苏武执着地静候回归日和南怀瑾大师淡定从容地生活的事迹，论证了平静安稳地生活和守候、不刻意地追求雕饰、该来的才自然会来的观点。看得出，两事例在叙述时对句式进行了精心的打造，有排比对偶构成的整句，有四字短语组成的短句，尤其是例2的结尾还采用了"该来的，自然到！"的三字短句，如此有意地将句式整散结合、长短相间，不仅音韵和谐，顿挫有致，而且能更加充分地有力地论证文章的观点。

再看高考辽宁卷的一篇题为"学会舍，才有得"的满分作文：

我们需要在一次又一次困难的选择之中逐步体味"学会舍，才有得"的智慧。弘一法师无疑是拥有这种智慧的人。早年，环佩叮当长衫马褂的是他，风度翩翩才华横溢，曾一度享誉上海文坛；留学，举止优雅西装革履的是他，倾心西学投身戏剧，所饰的茶花女风华绝代倾倒众生；归国，望之俨然即之也温的是他，教授绘画研习音乐，"长亭外，古道边"，一曲《送别》缠绵凄婉，一直传唱到今天；出家，一袭袈裟青灯古佛的是他，看破红尘参透人生终成一代高僧。他放弃了上海的地位与身份，却获得了接触世界纵览天下的机会；他放弃了春柳社的成功与国外的追捧，却获得了登峰造极的成绩；他放弃了天下桃李的万千尘缘，却获得了一份清净超脱的境界。三舍三得，舍得之间，便是潇洒从容的人生智慧，贯穿这大师一生的传奇。

在行文中，可以看出作者有意把弘一法师的事例采用倒装句和排比句进行叙述，突出了大师的一生的主要事迹尤其是他三舍三得的抉择历程，"学会舍，才有得"的观点便赫然纸上了。这种写法，很值得我们叙述较长事例时借鉴。

三、巧点引入

很多作者在引入论据时惯于开门见山、平铺直叙，这样很容易给人造成审美上的疲劳。"文似看山不喜平"，固然是针对文学作品而言，但对议论文同样适用。如果你能在论据的引入方式上多下些功夫，不仅可造成文势的起伏，从而吸人眼球、吊人胃口，而且对观点的论证也能起到助力和催化的作用。论据的引入到底有哪些巧妙的方式呢，我们试着从下面五个事例的开头方式来探讨一下。

例1、为什么这个古老国度的慈善指数总像一个不想长大的孩子？为什么人们总是在一张张充满中彩希望的"小纸片"上去关注福利事业？为什么人们总爱追问一个个富翁的资产，而不去关心富翁们对慈善事业的捐款？但是，青岛出现的那个爱心团体，却努力地改善着这一切，这个爱心团体见证了一张张不同的面孔，却有同一个名字——微尘！（江苏卷高考满分作文《怀想天空》）

例2、心无旁骛的研究，才有了无人能及的熟悉，才造就了千古流传的功绩。冷僻枯燥的文字没有阻止住他钻研的脚步，孤独凄凉的大漠没有阻止住他探访的脚步，冷嘲热讽的眼光没有动摇他追寻的心灵。当对西域的一种即将失传的文字达到无人能及的熟悉时，人们毫不吝惜地把"国学大师"的称号赠予了季羡林先生。（四川卷高考满分作文《熟悉》）

例3、弹指一瞬间，一千年过去了，一个英烈女子大义凛然地走来：她，跨马携枪，曾一渡日本，志在革命，留下了千秋万代的侠名——秋瑾。她，不甘沉溺于花前月下，毅然走上了革命的道路，舍命为民，何其悲壮！秋风又起，秋雨缠绵，而今不再。只是在那西湖畔，英雄依旧长眠。（广东卷高考满分作文《民族魂，代代传》）

例4、水击三千里，抟扶摇直上九万里，去以六月息者也———持竿垂钓的庄子，有人劝他涉世为官，他漠然视之；他孤傲的心灵走不进浑浊的仕途。（湖北卷高考满分作文《出乎其外，入乎其内》）

例5、"汉密尔顿，他成功超越了！接下来是一个窄弯，在这里超越几乎不可能，他需要十足的信心。"是呀，弯道超越需要信心。乌克兰的撑竿跳高名将布勃卡在他的职业生涯中一次又一次地超越自己，一次又一次地打破自己创下的世界纪录，并且每次都可以将自己最好成绩提高一厘米。（安徽卷高考满分作文《弯道超越》）

观察上面五则论据的引入方式——有的先设置疑问，有的先陈述事迹，有的先描述情形，有的先引用相关诗句，有的甚至还先采用现场解说的方式，然后才点出相关的人或事。这种引入论据的方式类似记叙文中的设置悬念，不仅能起到先声夺人、引人入胜的作用，还能使议论文的行文变得曲张有度、疏密有致，从而能更充分地、更情理并茂地论证文章的观点。我们没有理由不相信这些用了心思的引入方式会比一般的引入方式更能赢得读者的青睐。

四、添点表达

论据的表达方式一般是以叙述、议论为主，而单纯的叙述易流于枯槁，单一的议论也易陷入死板。如能在叙述时精要地缀入一些语言、动作、肖像、景物等细节描写，在议论时自然地融入一些抒情感怀的话，相信你的论据的叙述一定会更加光彩动人，情意感人，整个议论文的神韵和高致也自然会凸显无遗。但应该切记的是，也不能单纯地为了描写而描写，为了抒情而抒情，在描写和抒情上大动笔墨，果真如此的话，不仅会在表达方式上喧宾夺主，弄巧成拙，而且会严重地改变议论文的文体性质。为论据添点表达的关键还是在于能够更好地为证明观点服务。体味如下几个实例：

例1、当和亲的马车渐渐地消失在斜阳里，昔日的故里即将永别，她依然心无所悔，毅然地向着孤寂走去；当胡风毫不留情地吹白了她的青丝，吹裂了她红润的嘴唇，也吹断了她无尽的遐想时，她依然安静地承受着这一切以及比这一切更难熬的孤寂；当无数次远行的商旅满载而归，和平取代了战争，友好取代了杀戮，天山的南北与大汉王土融为一体，匈奴与大汉王朝成为一家时，她依然坐在心中那片净土上默默祝福着，祝福着；当西山的余晖渐渐消失，黑暗吞噬了她日夜守望的大汉王朝时，她依然守候在那片净土上默默祈祷着，祈祷着……女人不仅可以遏止战争，同样也可以发展经济，促进文化交流，调和民族紧张关系。（广东卷高考满分作文《民族魂，代代传》）

例2、"采菊东篱下，悠然见南山"，诗意的生活才有了诗，旷达的心才有了旷达的人生。陶渊明在碧溪垂钓，在西畴躬耕，他远离浮华，远离官场的尔虞我诈，远离尘世的浮名。隐居农舍俨然，错落有致，绿荫罗堂前，翠竹荫后檐，一切都是那么淡然安详。偶见家畜穿梭于舍间小道，更添情趣。他用美妙的诗歌，用自己旷远淡泊的情怀提醒着我们"春来草自青"这个简单的道理。是呀，我们身边有多少人在浮世中陷身，难以自拔。又有多少人在物欲横流的俗世中迷失自我，丢失人格与尊严。我们要向陶公讨教，学习他那种淡泊旷远的心旌，在浮世中追逐淡泊的人生。（山东卷高考满分作文《春来草青，淡泊人生》）

例3、梅兰芳教会我们：在理想面前不要轻易说"不"。"四大名旦"之一的梅兰芳，曾拜师学艺。但师傅说他生着一双死鱼眼，灰暗、呆滞，根本不是学戏的料，拒不收留。这对于当时正信心勃勃的梅兰芳来说，无疑是沉痛的打击。但是他没有轻易说"不"，而是重拾信心。他用行动向我们证明——他喂鸽子，每天仰望长空，双眼紧随着飞翔鸽子穷追不舍；他养金鱼，每天俯视水底，双眼紧随着遨游的金鱼，寻踪觅影。最终梅兰芳的双眼变得有如一汪清澈的秋水，熠熠生辉，而后成为一名著名的戏剧家。因为他不轻易说"不"，所以达到理想的彼岸。（广东卷高考满分作文《不要轻易说"不"》）

例1采用"斜阳""毫不留情的胡风""渐渐消失的西山余晖"等景物描写渲染了一种萧瑟悲凉的情境，用"吹白了的青丝""吹裂的红润的嘴唇"等肖像描写烘托楚胡地气候的恶劣，并融入"孤寂""安静""祝福""祈祷"等一些饱含深情的词语——诸如此类的一些描写和抒情，生动有力地论证了王昭君对民族大义的坚守和传递，使文章很富有说服力和感染力。

例2在论证陶渊明旷远淡泊的情怀时，有意融入了"隐居农舍俨然，错落有致，绿荫罗堂前，一切都是那么淡然安详。偶见家畜穿梭于舍间小道，更添情趣"等田园风光的描绘，如此便更能映衬出陶渊明在浮世中追逐淡泊人生的处世之道。

例3突出的是对梅兰芳的动作、神态的描写——他喂鸽子，每天仰望长空，双眼紧随着飞翔鸽子穷追不舍；他养金鱼，每天俯视水底，双眼紧随着遨游的金鱼，寻踪觅影。最终梅兰芳的双眼变得有如一汪清澈的秋水，熠熠生辉——这些描写都足以印证梅兰芳锲而不舍的拼搏精神和为了到达理想从不轻易说"不"的坚韧品格，起到了一般泛泛叙述很难收到的功效。

五、多点切分

多点切分即将要引述的事例采用夹叙夹议的方式进行灵活切分。如：

例1、她，凤凰卫视的一个战地记者，一个弱女子，却用肩膀扛起了众人瞩目的重担。在那些道貌岸然却临危退缩的人面前，她用生命和誓言承受了常人认为不该承受的重压。硝烟弥漫，战火冲天，是她，同丘露薇，冒着生命危险，一次又一次地向全国观众展现了最新最真实的新闻资料。她用镜头直面现场，用勇敢直面危险……当她站在"全国十佳青年"的领奖台上，人们又看到了那熟识的笑脸，一个诠释着勇敢、执着的微笑，一个举重若轻的纤纤身影！给生命一个勇敢的微笑，敢为人之不敢为，去化解心中的那团迷雾，为自己，为他人开拓一条平坦宽阔的新路。（江西卷高考满分作文《给生命一个笑脸》）

例2、在生活的困难挫折面前，我们不要轻易说不。生活中难免风风雨雨，不经风雨，怎见彩虹？风雨洗礼后人才能变得更加坚强。被称为"湖南张海迪"的李丽一生多灾多难，但她从不向困难低头，从不对挫折说"我不行"，她捧着不轻易说"不"的信念，与坚强携手同进。身体被命运抛弃，心灵却唱出强者之歌。五年时间，温暖八万个冰冷的心灵，接受、回报、延伸，她用轮椅为爱心画出最美的轨迹。因为不轻易说"不"，她摆脱了心灵的阴影；因为不轻易说"不"，她冲出困难的重围；因为不轻易说"不"，她成就了人生的辉煌。所以当遇到困难和挫折时，请不要轻易说"不"。（广东卷高考满分作文《不要轻易说"不"》）

以上两个论据，既没有先叙述事例后再进行议论，也没有先议论后再引出整个事例——这样的话容易将事例和议论截然分成两个板块，造成行文的呆板，它们是把一个相对完整的材料切成几小块，边叙述边进行议论分析，夹叙夹议，这样切分的话既便于针脚绵密地进行分析论证，又能造成行文的变化。

六、换点称呼

一般议论文论据的叙述都是采用第三人称，客观而朴实，但也容易造成面无表情、呆板生硬的局面，如果能变化一下，适当换用一下第一人称或第三人称进行叙述，不仅给人耳目一新的感觉，而且其间那种文本对话交流的情境会使论据在表情达意、喻事明理上更富有感染力和说服力。比如以下两例：

例1、我是你过河的桥，我是你乘凉的树，我是你风尘仆仆那间歇脚的屋。只要你快乐，只要你幸福，只要圆上了好梦，我就不辛苦。只要你开心，只要你如意，只要你回眸一笑，我就很知足。丛飞，他是一位真正的无私者，真正的忘我者，他把爱传递给别人，不计较别人爱的回馈，这是他精神富足之处。（湖北卷高考满分作文《魂兮，归来》）

例2、又是谁，爬雪山，过草地，艰难无比，却又一路高歌？是红军，一个个英雄。有多少次你们倒下又爬起？有多少生命长眠在这漫漫的征途？可是你们不惧死亡的魔爪，只为自己的理想而前行。在这漫漫无际的阴影下，你们坚信光明在前方。人生也许正如长征，在我们的前方有雪山，有沼泽，我们和不能像红军一样，鼓起勇气，笑对挫折？看吧，

胜利在招手！（山东卷高考满分作文《人生——光影交织》）

例1在叙述丛飞事例时，在前半部分用第一人称模拟了丛飞的内心独白，更加真实地也更加有力地表现了丛飞无私忘我的善良心地。例2在讲述红军事迹的时候，穿插使用了第二人称，直接抒发了作者对红军能从阴影中看到光明的乐观勇毅精神的赞叹之情，使"人生就是光与影的交织"的观点深入人心。

以上是笔者对论据叙述方式的一些初步探讨。当然这些方式也可综合应用，充分发挥出它们的合力之功。方式肯定也不拘限于上述几种，更多更好的方式还需要我们大家在平时的阅读和写作中去多发现多总结多应用。相信，有心人就自然能成就有心事，我们也就自然能在高考作文乃至以后的作文中吞吐出更多的锦绣文来。

第五节　五月榴花照眼明

——谈谈怎样让记叙文有亮点

随手翻开一本满分作文集，惊讶地发现：在近300篇的作文辑录中，记叙文竟然不足40篇，连整个选辑的三分之一都没占到！与此形成鲜明对比的是，议论文已成攻城拔寨之势占领了满分作文的大半江山。不禁唏嘘长叹，不禁掩卷长思：与议论文、说明文呈三足鼎立之势的记叙文何以在高考满分作文的园地里呈现如此局促之态？而这种一贯以形象生动、情理并茂的优势来感染人打动人的文体为何如此受人冷眼？其中的原因当然很多。但有一点是可以肯定的，那就是：很多考生在打造记叙文亮点方面的功力一定不够，技巧也一定不高，最后导致在考场上不敢选写这种文体，或者选写了又无法取得让阅卷老师眼前一亮的效果，结果就自然在强调"以亮点强化卖点"的阅卷"市场"中遭到冷落。基于此，笔者觉得很有必要在这里专门来谈一谈打造记叙文亮点方面的一些技巧，以期能让阅读者有所收获。

亮点的表现可以是多种多样的。拿江苏省高考作文阅卷组组长何永康教授的话来说，它可以是一个巧妙的、亏你想得出来的构思，可以是一个生动传神的细节描写，可以是一个内涵比较丰富的好句，可以是一个用得很有个性的词，可以是一个精练出来的字，甚至可以是一个别具风采的标点……对于记叙文来说则可以着重从以下几个方面着手。

一、标题要"惹眼"

记叙文的题目，如能在准确、简明、新颖的基础上做到生动形象，新鲜有意蕴，那就无异于是画龙点睛，鲜花着景，可以起到惹读者眼前一亮的效果。那么，怎样才能跟记叙文拟一个上好的题目，从而收到"一半文"的奇效呢？试以近几年来出现的一些高考优秀记叙文的题目为例来归纳说明一下：

1、巧用修辞。《路是月的痕》《给美丽做道加法》（比喻），《一朵花的快乐》《月若有情月长吟》(比拟)，《哥，你是捡来的吗？》(设问)，《雨燕，去看妈妈吧》（呼告），《我最需要一剂"良药"》（双关），《我为"我"服务》（反复），《黑白债》（借代），《我发现了家中的"贼"》（反语），《绿色可听》（通感）。

2、妙用诗词。《道是无情却有情》《今年花胜去年红》《水自流来云自飞》。

3、套用歌词、广告词、影视名等。《一句话，一辈子》《明明白白我的心》《读书就是爱自己》《不要跟陌生人说话》。

4、使用意象。《蓝色蛹·金色蝴蝶》《我的吃喝母亲的泪》《丁香、母亲、我和家》《夏夜鸣蝉》。

5、采用悬念。《一个"死囚"的无悔抉择》《我是一只想死的"老鼠"》。

二、开头要"显眼"

古人喻开头为"凤头"，意即开头一定要别致精美有魅力，要达到一种"以奇句夺目，使之一见而惊，不敢弃去"（李渔《闲情偶寄》）的显眼效果。正因为如此，文章的开头尤需要悉心打造，要努力地让它成为映入读者眼帘的一缕清新的阳光。记叙文开头的方法很多，常见的有开门见山法、开篇点题法、先声夺人法、提出问题法、误会入题法、悬念入题法、故事入题法、情景入题法、抒情议论法等等，这里着重介绍几种比较别致的开头。

1、题记导入法。以题记为开头，或阐述行文缘由，或牵引内容，或揭示文旨，其语言往往精练而富有哲理。从中透视其亮点，触摸到其情感的脉搏，让人赏心悦目。

示例：我想把自己比喻成一条鱼，我要努力寻找离开水的出口。我把自己比喻成一只鹰，我要全力飞出蓝天的庇护。我就是我自己，我要跑，跑出父母的视线，跑上自己的轨道。

这是湖南一考生在《那鱼·那鹰·那人》中的题记，题记中连用两个比喻句将自己比作鱼和鹰，不仅扣题而且形象地传达出了"跑"的意蕴，且类比了我的行为。接下来作者就写了自己一次出跑的经历，与题记浑然相应。

2、意象叠加法。元曲大家马致远的"枯藤老树昏鸦，小桥流水人家"，连用六个意象叠加，便将凄切悠远之意境表现得淋漓尽致。这种把有关的人事、物景的词语几乎不加修饰地叠放在一起的作为文章开头的手法，往往能使文章的开头富有张力和弹性，起到四两拨千斤的作用。

示例：宿舍餐厅教室。

教室餐厅宿舍。（《我们的咏叹调》）

文章开头短短的十二个字就采用了意象叠加的手法形成回环、反复的旋律，迅速将那些困在校园里单调，无奈、周而复始的学子生活形象地勾勒来，是那样真切和令人思索。

3、旧瓶新酒法。为表达中心的需要，将现成的诗词、流行歌曲填换新的内容作为开头，往往使文章妙趣横生，令人拍案叫绝，足以动人眼球。

示例：夜来幽梦忽还乡，水汪汪，捕鱼忙。四寂无声，唯有馨风凉。料得年年思家时，明月夜，芦苇浜。（《家》）

开头借苏轼的《江城子》改编而成，活生生地传达了家乡的水乡风情及作者思家、恋家的情绪，读来别有一番风味。

4、情景入题法。借助于景物描写开头，既能渲染了一种氛围，创设一种意境，为铺陈下文埋下了伏笔，同时又因其有一种特别的形象感画面感，所以就很容易吸引读者的目光，调动读者的情感。

示例：太阳最终吝啬地收起了它最后的一线光亮。月亮还没有出来，留下的只是满天的云霞，轻轻地亲吻着宁静的山村。(《月若有情月长吟》)

恬淡自然的景物描写，和下文"我"焦急的心情形成强烈的反衬。同时，"轻轻地""亲吻"等富有诗情画意的词语赋予了景物以人性，为全文营造了一种和谐优美的氛围。

三、结尾要"耀眼"

结尾是作者能留给读者的最后一道耀眼风景，当力求取得"回眸一笑百媚生"的效果。好的结尾当如撞钟，响亮有力而有余韵。记叙文的结尾方式同样也很多：卒章显志法、前后照应法、景物渲染法、抒情升华法、议论深化法、呼告共鸣法，或戛然而止、或启人深思、或余音绕梁……但无论采用何种方法，都须得具备如下几个美点，才能提高结尾的品位，获得读者的青睐。

1、精警凝练之美。一篇文章的中心和精华，乃是我们对生活的感悟和对事件的评价，是我们对社会人生的理解和看法，而事件只是承载这些理解和看法的材料而已。因此，在叙事完毕之后，应该精警凝练地概括出自己对事件的理解和看法，引导出对社会人生的思考和感悟。只有这样，才能起到启迪他人的作用，使文章更具有魅力。北京一考生在《包容》一文中叙述了一对父子因包容却产生了截然不同结局后是这样结尾的："十七年蝉之歌，生命之歌，反战之歌，包容之歌！拨开战争的乌云，让包容还生命一份安宁！"小作者用整齐凝练的语句卒章显志，表明自己一种深刻的见解：只有消除战争，才能得到真正的包容，升华了文章的主题。

2、生动形象之美。记叙文是文学性很强的文体，而文学是语言的艺术，因此，相同的内容用不同的语言和方式来表达，效果是大不一样的。记叙文的结尾如能在语言生动形象上下些功夫，当能取得意想不到的效果。请看下面两个结尾：

路很美，很美，是月化过的痕。月是路的魂。父亲的笛声是我的心魂！（《路是月的痕》）

当我冷眼旁观时，生命是一只蓝色的蛹；当我热情相拥时，生命是一只金色的蝴蝶。破茧而出的过程，也是感情变化的过程、亲近世界的过程。用爱看世界，原来我也如此美丽！（《蓝色蛹.金色蝴蝶》）

上述结尾中，两个作者都成功地运用了比喻、比拟、反复、对偶等修辞手法，选用了一些灵活多变的句式，化抽象为形象，把本来平淡无奇的观点表述得摇曳生姿，怎能不令读者击节叫好呢。

3、含蓄深远之美。明代学者谢榛曾说过，好的结尾应有"撞钟"之效，余韵悠长，讲的就是结尾要有含蓄深远之美。它能极大地激活读者的联想和想象，给读者广阔的再创造空间，让读者去体会文章的情思之美和文字之美。福建一考生在《珍珑》一文中如是结尾：帝默然，有所悟。遂回宫，下旨拨款修寺。然峰巅已空，止余白雪。人寻寺，皆不得。结尾安排寺院消失，给文章平添了一份神秘色彩，而且暗点话题："不得"即为"空"，给读者留下了无限的遐想空间。俄国的契诃夫在他的一篇微型小说《柔弱的人》中的结尾更是隽永深沉：我看着她背影，悟想道："在这个世界上做个有权势的强者，竟这么轻而易举！"足以引发读者对奴性产生的根源的一种深深地思索。

四、细节要"养眼"

细节是记叙文的生命。有细节则文生，无细节则文死；有细节则文丰，无细节则文松。细节描写被高尔基称之为"隐藏在文字里间的魔术"，我们写记叙文时，如能捕捉和描写出一些鲜活的细节，那么我们写人就能让人物栩栩如生，叙事就能让事情清楚明白，绘景就能让景物情趣盎然，如此，整个文章就会显得血肉丰满，眉眼生动，足以养人眼目了。要想捕捉和描写出鲜活的细节，可从如下几个方面去努力：

1、运用修辞手法，生动细节。比如重庆一考生在《我是一只想死的"老鼠"》中这样夸张地描写一位老太婆的动作："我忙抓住她的袖子……她袖子一甩，像年轻了许多似的，飞一般地走了。"漫画似的笔法极具讽刺意义地写出了人们对于老鼠这种反常现象的熟视无睹。

2、精心锤炼词句，写活细节。一学生《妈妈的汗珠》的一文有如下一段描写："烈日下，田野里，母亲挥动着锄头，在她老人家那黑黑的面颊上，滚动着许多细密而晶莹的小汗珠。渐渐地，这些小汗珠汇集成一颗豆粒般大的汗珠顺着布满皱纹的脸颊往下淌，淌到下巴上挂了片刻，闪闪欲坠。这一刻的汗珠在阳光照耀下，是那样晶莹璀璨，银光四射。然而瞬间又落了下去，滴进脚下那片热土，激起一片小小的烟雾。"段中词句对汗珠细致入微的动态描写，使得母亲的辛劳显得尤为真切动人。

3、抓住事物特征，传神细节。试看这样一段描写：神睁大眼睛看这两个人：李白，腰挂酒葫芦，身着白青纱，胯下小毛驴，顶上飘飘发，不时用手抚一下那长长的山羊须；阮籍，坐在一只眼老牛的破车上，酒瓶东倒西歪，头发凌乱如草，衣服上半只扣子也没有，用一支树枝挂住，潦倒非常。（《两把钥匙一扇门》）看了这么一番刻画，诗仙的飘逸和阮籍的落魄又怎能不如临眼前呢?

五、构思要"抢眼"

记叙文的谋篇布局，要力求有匠心，必要时可以尝试着改换一下文章的"外壳"，换点花样力争"抢眼"，比如加点题记、后记、小标题之类的，试着写成日记体、书信体、寓言、童话、故事新编、小小说、课本剧等一些比较新颖的形式。为了使行文做到曲折多变还可适当地采用一些制造波澜的方法，如悬念法、误会法、巧合法、抑扬法、虚实法、相错法、陡转法、张弛法、离合法、蓄放法等。高考重庆一考生的《我是一只想死的"老鼠"》采用童话的形式反映了是非颠倒的世态，新颖夺目。湖南一考生更是大胆地借助琵琶行中诗句贯穿全文，使之成为父母深情的和谐伴奏和绝妙印证，被称为是篇题材平凡而构思"不甘于平凡"的巧文。高考佳作《我叫不叫》更是用一只"狗眼"来看世界，写一条狗遇到贼偷东西时该不该叫的一种"心灵选择"巧妙地反映了人情世态，角度巧，构思新，"亏他想得出！"专家们如是说。

六、选材要"迷眼"

记叙文要想出彩，迷人眼球，在选材上还要尽量出新，尽量选取"人人心中有，人人笔下无"的材料。比如一看到《运动场上》这一题目，学生便不由自主地描写运动员你追我赶，奋力拼搏的场面。如果写"观众为落后者鼓劲加油"，不就棋高一着了吗？只要运用发散思维、逆向思维全方位多角度选材，就很容易写出别具一格的佳作。再举几例说明一下：老大伯给看书的小伙子让座——尊重知识和人才；春节期间，镇长带上礼物给教师拜年——尊敬教师的风气可喜；妈妈拜儿子为师，学习电脑知识——不耻下问，与时俱进。其次，还要尽量选用具有时代感的材料。如：农民炒股，老人跳集体健身舞，新农村办起电脑培训班，身边人关注参与"希望工程圆梦行动"，大学生成为西部建设的志愿者……这些材料都能鲜明地反映了社会的发展，时代的进步。写入作文，它们便成了时代的缩影；读之，就仿佛看到祖国日新月异的变化：这又怎能不令自己的作文迷人眼球呢？

古人说，"工欲善其事，必先利其器""不积跬步，无以至千里；

不积小流，无以成江河"，要想写好记叙文，除了要掌握一些打造亮点的技巧外，最关键的还是在于平时的积累与扎实的训练，只有厚积，才有薄发；只有不断磨炼，才有让我们的记叙文在读者眼中夺目生辉的那一刻！

第六节　曲径才能通幽处

——谈谈怎样让记叙文有弧度

　　林纾在《春觉斋论文》中说："为文不知用旋转之笔，则文势不屈。"清代文人袁枚也说："凡做人耿直，而作文贵曲""文似看山不喜平"。他们都是在说写文章尤其是写记叙类文章最好要有点"弧度"，要做到结构曲折多变，跌宕起伏。时而山穷水尽，时而柳暗花明，时而落崖惊风，时而小桥流水，引得读者随着情节的起伏、人物的悲喜或屏息凝神，或蹙眉动容。心之所系，得意而忘形。

　　一般说来，初学写作者对于记叙类文章写作的基本要求是能掌握好的，但大多数人的文章显得平淡无奇，缺乏吸引力，这除跟一定的生活积累和一定的文字功底有关外，还跟作者在设置文章波澜方面的技巧缺乏很有关系。下面笔者就如何把记叙类文章写得有"弧度"这一点来重点介绍一些较为实用的方法。

1、扣人心弦——悬念法

　　悬念法，是指在文章开头或文章中，设置疑团，不加解答，引起读者关注，激起读者急切往下读的兴趣，直至读完全文才恍然大悟的一种技巧方法。由于人都有追根问底的天性，而悬念法恰能把这一心理欲望激发出来。所以，悬念法是最容易取得引人入胜效果的方法之一。

　　如鲁迅的小说《祝福》，开头就描写了祥林嫂临死前的形象："五年前的花白的头发，即今已经全白，全不像四十上下的人；脸上瘦削不堪，黄中带黑，而且消尽了先前悲哀的神色，仿佛是木刻似的；只有那眼珠间或一轮，还可以表示她是一个活物。她一手提着竹篮，内中一个破碗，空的；一手拄着一支比她更长的竹竿，下端开了裂：她分明已经纯乎是一个乞丐了。"这副肖像本身就造成极浓厚的悲剧色彩，有力地叩击着读者的心弦。读者不禁会问：祥林嫂是什么人？她是怎样沦为乞丐的？而且神情还这样麻木？她临死前为什么要追问灵魂的有无？为什么她人都死了，鲁四老爷还要骂她为"谬种"？这些都给读者造成了很强的悬念，吸引着读者到下文中去找答案，使小说一开头就有一种吸引人的强大力量。待读者经历了一番山重水复终于弄清了原委之后，封建礼教血淋淋的吃人本质也随之强烈地撞击着读者的心。

2、节外生枝——误会法

误会法，是指利用时间、地点、人为因素，故意造成人物间的误解，为情节发展推波助澜，从而丰富情节戏剧性的一种技巧方法。误会法常常让本来能按常理发展的事情节外生枝，而文章就在这生枝之处显示出情节和主题的精彩．

如有一篇《买壶》的文章，写爷爷在集市上买了把水壶，奶奶问爷爷试过没有，漏不漏，爷爷刚拿起水瓢要试，打开壶盖一看，愣住了，放下了水壶。奶奶见此情景，唠叨就开了："这死老头子，都七老八十了的人了，还这么毛手毛脚的，买把壶也是漏的！"奶奶还没说完，爷爷早提着壶出门了。天擦黑的时候，爷爷回来了，脸阴沉沉的，奶奶不放心，叫我跟了去。爷爷来到集市上，找到卖主，刚说了句："同志，这是你卖给我的一把壶……"那人误以为爷爷要换壶，就指了指墙上"商品出售，概不退换"的红纸条。爷爷说："壶里有 250 元钱。"爷爷的话音还未落，那人就站了起来，抓着爷爷的手，连声道谢。后来，奶奶得知此事，才明白真相。文中，奶奶对爷爷有多次误解，卖主对爷爷也有误解。这些误解，都增加了文章的波澜，也更突出了爷爷拾金不昧、急人所急的品质。

3、出奇制胜——巧合法

巧合是指在文章中设置事件的偶合或人物的奇遇，在看似偶然的巧合中隐藏着一种必然。这是一种出奇制胜的方法，既增添了文章的戏剧性，又更加鲜明地反映了事物的本质。

有一篇《买牛》的文章，写由于家庭贫穷，哥哥三十多岁了还没有找到媳妇，母亲自然十分着急，好不容易托一个能说会道的媒人找到一个愿意嫁过来的姑娘，但要求 5000 元的彩礼。母亲东奔西走，只借了 2000 元，还差 3000 元，母亲决定让"我"和哥哥一起去卖牛。牛也顺利地卖给一个老汉，卖后哥哥却又主动告诉老汉自己卖的牛曾得过烂蹄病，并同意老汉退牛，最后又把经纪人拿走的那 100 元也送给了老汉。由于哥哥"老实"，好端端的一桩婚事又要告吹了。我埋怨哥哥，母亲也为哥哥不能娶上媳妇而再次流下了伤心的眼泪。此时，作者安排了一个使人物命运柳暗花明的巧合，那买牛的老汉，原来正是姑娘的父亲，哥哥未来的老丈人。老人看上了哥哥的"心地好，诚实守信"，决定不要彩礼，把姑娘嫁过来，这就使文章顿生波澜。善良诚实的哥哥终因善良而改变了命运，过上了幸福的生活。

4、出人意料——陡转法

所谓陡转，是指在记叙事件时，有意顺着一个方向铺陈渲染，把读者的注意力和情感完全引得朝一个方向行进，层层发展，直至顶点，然后陡转骤折，让一种"意料之外，情理之中"的结局，强烈地震动读者，从而取得一种异乎寻常的效果。

如《池塘灯影》。文章写"我"深夜苦读，不免烦躁，偶然发现，池塘对面五层楼上中间的一个窗户闪烁着不变的光芒。"每到入夜，最先亮起，每到夜深，其他房子都已合上夜的眼睛后，唯独它还睁大着眼睛——不知疲倦的眼。渐渐，我产生了一种竞争心理，看谁熬夜熬得久。但每次我都熬不住瞌睡，先躺倒了，不过，这竞争倒帮了我一个大忙，我顺利地通过了几门课程的结业考试。"毕业那天晚上，路过池塘边，又瞥见了那盏灯。"我"的心底忽然萌生了一个念头——把我成功的喜悦与那灯下的竞争者分享。"如果是老年人或中年人，我就送一句祝福；如果是一个豆蔻年华的青年，我就……"当"我"气喘吁吁地上到五楼，"心跳了一阵，脸红了一阵，终于大着胆子推开门"时，文章也就到了结尾："啊！那是公共洗脸间的一盏灯！"只此一句，令人始料不及。在心灵的震撼之余，似乎还有几丝遗憾，几多惋惜。这就是意外之笔的效果，于陡转之间给人无尽的想象和回味的余地。

5、曲径通幽——抑扬法

抑扬手法常用的有"欲扬先抑"或"欲抑先扬"。人们认识事物总有个过程。开始时，因为了解不全面，就容易产生误解，等了解深入后就会改变认识。这个中的曲折性便是抑扬手法产生的认识根据。我们的文章多以赞扬为主，所以欲扬先抑的方法要运用得多些。

如杨朔的《荔枝蜜》，一开始就写自己幼年时被蜜蜂蜇了一次，于是觉得"蜜蜂是画家的爱物，我却总不大喜欢"。后来知道蜜蜂蜇了人，自己也会耗尽了生命时，就原谅了它，但感情上还是疙疙瘩瘩的总不舒服。再后来因为喝了荔枝蜜，并且看到了蜜蜂的辛勤劳动，就开始喜欢并赞扬蜜蜂的精神，最后还梦见自己变成了一只小蜜蜂。开头先对蜜蜂抑，继而不写蜜蜂而写从化的荔枝，这似断实连，先抑后扬的写法就构成一个波折，使文章曲折有致，摇曳生姿，有曲径通幽之美。

6、烘云托月——铺垫法

为了取得较好的表达效果，对要写的人和事先不直说，而是先做种种铺垫，给人以千呼万唤始出来的感觉，与此同时，往往不惜笔墨，渲染气氛，烘云托月，再入妙境，这种手法，往往具有"山外有山山更高"

的表达效果。

　　刘鹗的《明湖居听书》主要写白妞高超的歌唱艺术，作者作了层层铺垫和渲染：先写听众到场之早、之多，气氛之热烈，使我们感到演唱者技巧肯定不凡；再写琴师和黑妞的技巧和听众的评价，使白妞未出场就在听众心中留下了难忘的印象。最后才是对白妞的演唱的精彩描写。这层层铺垫渲染，使白妞的形象更加鲜明突出，使文章高潮迭起，令人拍案叫绝

　　此外还可以通过对比、蓄势、插叙、擒纵，张弛等法构成文章的弧度。当然一篇文章往往不只用到一种方法，而是法无定法，综合利用。另外，值得注意的是，情节的弧度是由生活本身的复杂性决定的。因此我们写文章时，要在符合情理的情况下追求行文的曲折多变，不可为曲而造曲，以致违背事理，贻笑大方。为此，我们在为记叙文打造弧度时一定要注意两点：第一、注意情节的合理性，不故弄玄虚；第二、注意为刻画人物、表现主题服务。这样才能使文章真正在一波三折中扣人心弦，曲尽其妙。

第七节　探骊得珠赋美文

——谈谈高考作文的满分之道

无意间翻开陈年的一本满分作文书，湖北卷的"举手投足之间"的一些满分作文引起了我的注意。细细读来，其间有很多作文的确写得不错，很有回味，由此也揣摩出一些满分之道。

满分之道一：巧设细节显神采。一考生将最动人的举手投足定格为"弯腰""伸手"两个动作，并紧扣这两个动作细节来大做文章，起到了四两拨千斤的作用。滴水能藏海，一花也见春，"弯腰""伸手"两个动作细节既细致入微地说明了一个人举手投足之间所折射出的人格魅力、精神素养，又因其生动形象性而使文章格外富有感染力、说服力。试来感受一下：我想知道，你站在这个喧闹而又寂寥的世间，是高贵地弯下腰，还是卑微地仰着头。弯下腰，伸出手，这是一个多么谦卑恭顺的姿势，却又是人性高贵的君子一个多么温暖的手势。我和许多人、和你一样，被汶川一震震碎许多奢华的念想。电视里反反复复地播放，志愿者们穿行废墟间、帐篷间、病房间，弯下腰，伸出手，去拥抱孩子们泪痕纵横或木然痴然的小脸。他们说弯下腰才能和孩子对视，弯下腰才能明了他们的惊恐和悲哀……"弯下腰，伸出手，去拥抱孩子们泪痕纵横或木然痴然的小脸"，多么温情的动作，多么感人的画面！我想，读过之后，我们又怎能不为"弯腰""伸手"这举手投足的魅力所折服，又怎能不认可它们是"人性高贵的君子一个多么温暖的手势"，又怎能不佩服小作者的匠心，为之击掌喝彩呢。

满分之道二：敢写琐事传真情。琐事入文易，但写好难，一旦写不好就很容易流于平庸琐碎，成了真正的"琐事"，难显气候和高致，所以少有考生走此险道。但写好了却能打动人，创设出"此时无声胜有声"的佳境。一考生就走了此险道，因而也见了佳绩。这位考生选取了外公外婆之间的生活琐事，体现一对"夕阳红"之间相互搀扶、相互体贴的微妙的恩爱夫妻情。他写外公的偷吃，被外婆"人赃并获"并打手；写外公对还没回家的外婆的张望；写外婆吃年饭时要为去世的外公准备餐具，清明节时为外公摆上精致可口的饭菜等等，这些都是生活中的一些小动作、小事情，看起来琐碎、寻常，但由于非常生活化，并倾注了作者的真情实感，因而在调动了读者的生活体验的同时，也就赢得了读者的情感共鸣。

满分之道三：旧瓶新酒传机智。写议论文关键在于要有鲜活的论据，有了鲜活的论据便在作文发展等级的"有创新"一项中占了优势。但因论题的多变，考试中也难免会出现"无米之炊"的窘境，这时作文的机智就显得格外重要了，其中一招就是将"酒瓶装新酒"，将旧材料点化出新意，从而巧妙地为我所用，此举不仅可迅速起到解困之效，而且还能让阅卷老师大大惊叹你的应变能力。在所读的满分作文之中，有一考生的点化之功令人印象深刻。试看这么一段：汨罗江畔仿佛还弥漫着<u>丝丝缕缕香草的气息。当年，被昏君奸臣排挤的屈子在这里徘徊许久，他身佩香草幽兰，这一个细小的动作，便已展现出他那份"举世皆浊我独清，众人皆醉我独醒"的心胸与风骨。不像昏庸的君王，只迷恋那胭脂红粉与醇厚的酒香，千年流逝，当酒香和脂粉气已被世人遗忘，然而，翻开《离骚》仍然可以感觉到香草幽兰的清雅幽香，仍然可以看出屈原的气度和胸怀</u>……不知你读后有什么感觉，反正笔者读完后最大的感觉就是：屈原的材料居然还可以这么用！我们知道，屈原的材料一般都是被运用在"爱国""忠诚""选择""执着"等话题中，但居然被小作者拿来运用在"举手投足"的话题中，并且应用得这么自然、巧妙！小作者在化用论据之前还有这么一句引入语：如果我们细心观察就会发现，那些英雄与名士，在举手投足之间，便已向世人展示出他们的智慧、品格与风骨。再加上论据中一句"他身佩香草幽兰，这一个细小的动作，便已展现出他那份'举世皆浊我独清，众人皆醉我独醒'的心胸与风骨"的点化，便感觉小作者对材料的点化真有点出神入化的味道了。

满分之道四：良言一句满文春。试看这些句子：

例1.外公与外婆之间的小动作，小对话，让我见证了他们的不离不弃。我的眼角常常湿润，或许因为，久在喧嚣，终于触动了心中长久未拨的一弦。

例2.正是举手投足间的善，才成就了一个慈悲为怀的圣僧，才显现出佛的博爱与睿智。

例3.因为弯下腰，你的心会心甘情愿地爱。你对世界对他人，对自己的爱很重很重，压得你的心坠落下去，从虚无的半空中坠落到尘埃里，开出洁白的花朵来，馨香流淌。

例4.举手投足是一把尺，它是衡量人的内在含金量的标准。含金量高的人，必然，我敢说必然，是一个伟大的人。

例5.守住自我，守住那条看不见的准绳；守住人格，守住举手投足间那份清洁的品格与人格。

这五个句子的共同特点是文字优美，言简意赅，意蕴丰富，令人玩味，在文中足以振起全篇，堪称警策。因其含金量高，所以很容易点亮阅卷老师的眼，从而赢得发展等级分。仔细分析，这五个句子还因文体或所处的位置的不同而各有千秋。例1是记叙文的结尾处，既点出了外公与外婆之间的小动作、小对话所蕴含的情意，也顺带钩连了一下现实，点出了现代人情感的浮躁，因而更显外公外婆举手投足之间所透出的恩爱的可贵。例2是对所引用唐僧事例的一笔点睛，不仅将事例和题旨巧妙地关联地起来，而且也因富有哲理和禅意而耐人寻味。例3是对"弯腰"这个特定动作内涵的诠释，诠释得形象丰富饱满，语言灵动清秀，当属于着笔成春的一句。例4将"举手投足"和人的"含金量"联系在一起，判断果敢，定位准确，出语大气。例5是一议论文的结尾句，对偶的句式，比喻拟物的辞格的运用，显得文采斐然，精辟而蕴涵的言语也自然成了豹尾之响。

第三章　文本细读中的遇见

第一节　横看成岭侧成峰
——谈谈文学作品的个性化解读

先来看南宋蒋捷的一首词：

虞美人·听雨

少年听雨歌楼上，红烛昏罗帐。壮年听雨客舟中，江阔云低、断雁叫西风。

而今听雨僧庐下，鬓已星星也。悲欢离合总无情，一任阶前、点滴到天明。

同是听雨，词人在不同的阶段有不同的感受：少年时少不更事，轻艳迷离；中年时漂泊流转，慷慨苍凉；老年时阅尽沧桑，黯淡低沉。文学作品的解读也如此，不同的阶段往往会有不同的理解，而不同的读者也往往会有不同的看法。这是什么原因呢？我们又该如何看待这种现象呢？下面试作具体探讨。

一、文学作品个性化解读的原因

1、同一作品，阅读时间不同，解读不同。

作家毕淑敏在读童话《人鱼公主》时的感受：

8 岁时读出了人鱼公主的惨痛，18 岁时理解了这是一篇写爱情的童话，28 岁时读出这篇童话中的母爱，38 岁时热衷探讨写作技巧。

作家之所以在不同的年龄阶段有着不同解读，是因为她的知识结构、生活阅历、思想境界和审美品位都在不断发生变化。

2、同一作品，不同的人，解读不同。

鲁迅在《〈绛洞花主〉小引》中评论《红楼梦》时说：经学家看见《易》，道学家看见淫，才子看见缠绵，革命家看见排满，流言家看见宫闱秘事……果真是"一千个读者就有一千个哈姆雷特"！原因是每个读者的年龄、经历、职业、学识修养、阅读视野、关注重点等都各不相同，读起作品来自然是仁者见仁智者见智了。

3、作品内容的丰富性、多样性。

比如鲁迅散文《风筝》的主题：从儿童教育的角度，可理解为"批判封建教育思想和方法或批判虐杀儿童天性的封建伦理道德"；从亲情的角度，可理解为"作者用真挚动人的感情谱写的一曲人情美的颂歌"；从风筝的象征义的角度，可理解为"风筝是故乡春日的象征，是美好青春的象征，文章表现的是对青春的怀念，对美好事物的探求"——所谓"横看成岭侧成峰"，是因为作品内容本身存在着丰富性和多样性，这是个性化解读存在的客观原因。

了解了文学作品个性化解读的原因后，我们试来一起解读一下美国诗人狄金森的小诗《篱笆那边》的内涵。

篱笆那边

【美】狄金森

篱笆那边

有草莓一棵

我知道，如果我愿

我可以爬过

草莓，真甜！

可是，脏了围裙

上帝一定要骂我！

哦，亲爱的，我猜，如果他也是个孩子，

他也会爬过去，如果，他能爬过！

诗中的意象草莓、篱笆、上帝的含义存在多样性，再加上不同读者的不同个性特征，就可能会出现如下理解比如"呼唤个性的自由""面对代沟的彷徨""抵制甜美的诱惑""渴望男女的平等"等等。

二、文学作品个性化解读的原则

《红楼梦》第九十八回，当林黛玉得知贾宝玉迎娶了薛宝钗的消息后便暴病不起，然后焚稿断痴情，临死前她突然直声叫道："宝玉，宝玉，你好……"说到"好"字，便浑身冷汗，不作声了，随即气绝身亡。试着对黛玉临终时"你好……"后面的话作合情合理的解读，就可以有如下解读：

①宝玉，宝玉，你好绝情！

这是林黛玉对贾宝玉忘记旧情迎娶薛宝钗而发出的不满情绪。

②宝玉，宝玉，你好狠心！

意思是我要死了，你居然在娶亲，心肠太狠。

③宝玉，宝玉，你好糊涂！

意思是你为什么没有识破凤姐的调包计呀？

④宝玉，宝玉，你好不要脸！

这是贾宝玉对林黛玉曾有过非分之举，被黛玉拒绝后，转身投入宝姐姐的怀抱，林黛玉临终前所发出的痛骂。

⑤宝玉，宝玉，你好让人寒心！

这是林黛玉临死前对宝玉的彻底失望。

⑥宝玉，宝玉，你好好活下去！

这是林黛玉临死前真诚希望宝哥哥好好活下去，千万不要像自己一样落得一身的病而变成短命之人。

⑦宝玉，宝玉，你好好和宝姐姐过吧！

这是林黛玉知道自己将要走到人生的终点，便劝慰宝玉以后就和宝姐姐好好过日子吧，就不要总想着我了。

这些解读都是在尊重原著的基础上作出的一些合情合理的续写和想象，解读得可谓有分有寸，有板有眼。

从上面的分析来看，个性化阅读既要鼓励"出"——"开窗放入大江来"，才能异彩纷呈，也要拿捏好"入"，把握好分寸，尊重原著，才不至于陷入"都云作者痴，谁解其中味"的尴尬。

古希腊学者普罗塔戈说过："头脑不是一个要被填满的容器，而是一束需要被点燃的火把。"对文学作品的个性化解读将会使我们的头脑充满风暴和火把，使我们的心灵满布绿荫和各种鸟声。如果将文学作品比作那多姿青山的话，那么我们每个人的眼眸便是那灵动的流水。多姿的青山映入那灵动的流水中，便造就了山的万千传奇。我们对文学作品的解读要的就是这种传奇，要的就是一种别样情怀。也只有这样来解读文学作品，才能将文学作品读得与我们声息相通，血脉相连，在穿花拂柳间，才会有暗香盈袖！

当每一部文学作品都能成为"我"眼中的传奇时，那么 1 + 1>2 的神奇效应就会在不远处等着你！

第二节　丝丝入扣笔笔紧

——谈谈《游褒禅山记》的叙议照应法

　　王安石是个政治上的革新者，也是个文学上创新者。他的游记散文《游褒禅山记》就写得别具一格，不重在表现山水之美、风物之胜，而重在因事说理、由叙生议。其中的记游仅是一个引子，一个由头，说理才是文章的目的。因此文中的记叙就相当简洁紧凑，除为说理生议外，绝没有多余的文字。每一笔记叙都在为下边的说理埋伏笔，做铺垫，真可谓"丝丝入扣，笔笔不闲"。

　　文章的记游有两段。第一段主要是介绍褒禅山的概况并交代游览行踪。开头一句"褒禅山亦谓之华山"，扣题并交代了游览的地点，之所以要交代褒禅山的另一个名称"华山"，是为下边辨"华山"误读埋下伏笔。接着引出褒禅山名字的由来，点出慧空禅院。写禅院看似闲笔，实则起一个勾连的作用：既证实了褒禅山名字的由来，又引出了"距其院东五里"的华山洞。接下来作者就写了华山洞的位置和命名由来，为下文写游华山洞做了相应的交代。写禅院写华山洞时笔墨都非常简单，而写到仆碑文字时笔墨就相对多了，因为这里循名责实，辨"华山"误读是在为后边借仆碑抒发感慨，提出治学必须"深思而慎取"的观点张本。

　　第二段着重记叙了游华山洞的经过，比第一段写得要详细得多。这是承接后边的议游华山洞的心得甚详、借仆碑抒发感慨从略而来的。先介绍前洞和后洞的概况，突出了前洞与后洞迥然不同的环境特征和游者情况，为的是给后文的"夫夷以近，则游者众；险以远，则至者少"伏笔。"余与四人拥火以入"，交代同游者，看似闲笔，实则大有用意，因为有了这笔，就使得后边"有怠而欲出者"致使作者"遂与之俱出""而不得极夫游之乐也"的行为有了落脚点。写游洞的经过时，非常简略，只用了一组连锁句式——"入之愈深，其进愈难，而其见愈奇"就交代了所见之景，并没有大写特写寻幽访胜的经历，其目的只是借景来喻后边的"世之奇伟、瑰怪、非常之观，常在于险远，而人之所罕至焉"之理。

　　游洞的经过简单交代后，作者接下来就详细补叙了出洞后的感慨。着重补叙了两点：一是"盖余所至，比好游者尚不能十一，然视其左右，来而记之者已少。盖其又深，则其出，则或咎其欲出者"，由这个感慨就自然生发出后边"世之奇伟、瑰怪、非常之观，常在于险远，而人之所罕至焉"的议论。二是"既其出，则或咎其欲出者；而余亦悔其随之而不得极夫游之乐也。"着力突出心情之"悔"，为后边说明"尽志才可无悔无讥"的道理做了有力的铺垫，也为作者分析"志""力""物"三者之间的辩证关系埋下了关键的一笔。

　　总而言之，作者记游的目的，只是想以游山为喻，来说明治学处事都要"尽吾志""深思慎取"的道理，因此每一处记叙都紧扣了后边的议论，为后边的议论铺墨张本，由此做到了记游的文字"丝丝入扣，笔笔不闲"，足见一代散文大家雄健峭拔、笔意沉着的风范。

第三节　还给古人形以神

——谈谈《伶官传序》的情景再现法

《伶官传序》是北宋散文家欧阳修的一篇生平得意之作。

它是一篇史论，当属议论文的一种。议论文讲究论据的准确、典型、简洁，这些在《伶官传序》里自不待言。我这里想说的是这篇史论叙述史料的生动性和形象性，这点倒是很多史论难以做到的。举几个特别的地方来说明一下。

比如"三矢"的故事。这个故事的目的是在于交代庄宗矢志复仇的原因。故事的开头先叙写晋王临终的遗命。"梁，吾仇也；燕王，吾所立；契丹与吾约为兄弟，而皆背晋以归梁"，为庄宗明确了三个仇敌，"此三者，吾遗恨也"，一声恨不能亲自灭敌的长长叹息穿透纸背，一个"恨"字仿佛令我们看到一个临终扼腕不已的王。"与尔三矢，尔其无忘乃父之志"，发令箭，交任务，谨叮嘱。这里"尔其"的"其"不是人称代词，而是表命令期望的副词，相当于"可、应当、一定"等意，即是说：授给你这三支箭，一定要灭掉三敌，你可一定不要忘记你父亲的遗志啊！仅寥寥三笔，就把晋王的遗恨、遗志、遗容传神地勾勒出来了，让晋王的遗恨犹落读者心坎，遗志犹响耳畔，遗容犹现眼前。接着叙述庄宗接受三矢、谨遵遗命报仇雪恨的情况：一个长句涵纳七个分句，直贯而下，一气呵成，加之"受、藏、用、遭、告、请、盛、负、驱、旋、纳"等一连串的动词的使用，使一个雄姿英发、斗志昂扬、矢志复仇、一往无前的青年将领形象跃然纸上，似有一股英气直逼人眼，若有一腔豪情直冲肺腑。

再如叙写庄宗的成功。作者把一段历史有意还原成一个个威武雄壮的场面来显示：庄宗用绳索捆绑着活生生的燕王父子，用木匣盛装着血淋淋的后梁君臣的头颅，志得意满地走进太庙，祭告祖先，把箭还给先王，把成功的消息禀告给先王。寥寥几笔，既写出了庄宗荡平仇敌、所向披靡、踌躇满志、一统天下的兴盛之状，更是写出了庄宗本人的威风凛凛、意气扬扬、风流倜傥、英勇无比。当时的刀光剑影，当时的排山倒海，当时的鲜花着锦、烈火烹油，无一不鲜明地呈现于读者眼前。

接着作者笔锋急转直下，又极力渲染庄宗的败亡。那是一番怎样的景象啊："一夫夜呼，乱者四应，仓皇东出，未及见贼而士卒离散，君臣相顾，不知所归，至于誓天断发，泣下沾襟，何其衰也！"一夫深夜振臂高呼，四方狼烟就纷纷升起。哗啦啦树倒猢狲散，晃悠悠墙倒大厦倾。君臣狼狈逃窜，士卒东西离散。面面相觑间不知归路，誓天断发时只见泪水。说什么风声鹤唳，道什么四面楚歌，庄宗惟妙惟肖的穷途末路相经六一居士的一支神来笔就这样淋漓尽致地磅礴在纸上了。

可以说，就是因为作者采用了这种"还史料以血肉，还古人以形神"的手法，才使得这篇序言既刻画出了庄宗这个丰满的人物形象，增强了文章的感染力，同时又有力地证明了文章中"盛衰之理，虽曰天命，更在于人事"的这个观点，深化了主题，增强了文章的说服力。

说是生平得意之作，怕是与作者这种叙述史料的高超艺术是分不开的。

附《伶官传序》原文：

呜呼！盛衰之理，虽曰天命，岂非人事哉！原庄宗之所以得天下，与其所以失之者，可以知之矣。

世言晋王之将终也，以三矢赐庄宗，而告之曰："梁，吾仇也；燕王，吾所立；契丹，与吾约为兄弟，而皆背晋以归梁。此三者，吾遗恨也。与尔三矢，尔其无忘乃父之志！"庄宗受而藏之于庙。其后用兵，则遣从事以一少牢告庙，请其矢，盛以锦囊，负而前驱，及凯旋而纳之。

方其系燕父子以组，函梁君臣之首，入于太庙，还矢先王，而告以成功，其意气之盛，可谓壮哉！及仇雠已灭，天下已定，一夫夜呼，乱者四应，仓皇东出，未及见贼，而士卒离散，君臣相顾，不知所归；至于誓天断发，泣下沾襟，何其衰也！岂得之难而失之易欤？抑本其成败之迹，而皆自于人欤？《书》曰："满招损，谦受益。"忧劳可以兴国，逸豫可以亡身，自然之理也。

故方其盛也，举天下之豪杰，莫能与之争；及其衰也，数十伶人困之，而身死国灭，为天下笑。夫祸患常积于忽微，而智勇多困于所溺，岂独伶人也哉！

第四节　跳出窠臼写爱情

——谈谈《鹊桥仙》中的爱情新姿态

纤云弄巧，飞星传恨，银汉迢迢暗度。金风玉露一相逢，便胜却人间无数。

柔情似水，佳期如梦，忍顾鹊桥归路。两情若是长久时，又岂在朝朝暮暮。

——秦观《鹊桥仙》

读了南宋词人秦观的《鹊桥仙》后，除了感受到它那种"淡语皆有味，浅语皆有致"的情致理趣外，更感受到它写爱情的别具一格，至少在两个方面有创新。

1、一洗牛郎织女爱情的嗟叹悲泣态。

出自《古诗十九首》的《迢迢牵牛星》是东汉文人的作品，其间牛郎织女的爱情如众多诗词中的爱情一样，都是缠绵哀怨、泪光点点的。绘织女织布的情态，是"终日不成章，泣涕零如雨"，织女为了早日和牛郎相会，织布织得泪如雨下，而且两人隔着又清又浅的天河相望时，也是泪眼婆娑，神色黯然，哽咽不能语，写尽了有情人咫尺相望却长期不能相守的哀愁幽怨。而秦观这首词中牛郎织女在终于得以相会后，不是哀怨，也不是抱头痛哭，更不是对一年才能相逢一次的处境的耿耿于怀，而是紧紧地拥抱，绵绵地述说，尽情地表达着对相逢的一种欣慰和对未来的一种忠贞：在这金风玉露的美好季节里相逢一次，我们便胜过人间夫妻无数次的相逢。因为，我们心中有爱！只要我们彼此长久地相爱，纵然不能长相厮守，也能感受到一种无限的幸福。多么纯洁的誓言，多么温馨的心语，多么豁达的慰藉。这种情形，只让我们感受到了一种高贵，一种执着，一种明媚，哪里还找得到盈盈泪水的痕迹，哪里寻得见一点黯然销魂的踪影！牛郎织女的爱情经过秦观一番哲学辩证意义上的诠释，早就洗尽了嗟叹悲泣之态，给无数个正在被离别伤着的红男绿女们带来了一碗心灵上的鸡汤。

2、爱情走上了质的高度。

同样是写爱情离别，柳永用一句"多情自古伤离别，更那堪冷落清秋节"写尽了人们对缠绵爱情长相厮守的愿望，他的"今宵酒醒何处，杨柳岸，晓风残月"更是以凄清悲凉的意境冷杀了无数正在别离中的有情人。而秦观呢，且看秦观是怎么看待这种别离的。他定然也是在无数首爱情诗中千回百转之后终于在某一时刻豁然彻悟：两情若是久长时，又岂在朝朝暮暮。正是这番彻悟，将这首咏七夕的爱情词的主旨升华到了一个哲理的高度。他大概想说的意思就是：尽管相会的时间极其短暂，但只要双方真挚地、坚定不移地相爱，则年年必有此会，这是无尽期的、永恒的爱；而人间夫妻即使朝朝暮暮形影不离，也终有生离死别之日，这是有尽期的、短暂的爱。以此无尽期的、永恒的爱与人间夫妻有尽期、短暂的爱相比，岂不真的是"胜却人间无数"吗？这是一种短暂与永恒的辩证法。秦观就是用这种辩证法让爱走出了长相厮守的凡俗态，从而走向了追求高质量的新姿态。

一首诗词能有一处创新就已经不错了，而秦观的这首爱情词却能在两处别出心裁，难怪会千古流传，让后世人们咏叹不绝了。由此想到我们的一些作者，如果能常常跳出一些思维的窠臼，常常进行些发散性的多向思维，进行些哲理性的深度思考，相信也定能像秦观一样创造出一些让人爱不释手、令人称道叹奇的美好篇章来。

第五节　淇水摇曳女人花

——谈谈《卫风·氓》中的女主形象

读罢《卫风·氓》，静静地掩卷长思，竟然感觉有一个水样的女子立在了眼前。这个从小长在淇水边，一生在淇水边浸透了悲欢离合的女子，竟也如水一般，有着鲜明灵动的个性。

她，水一样的温婉多情。

当一脸憨笑的"氓"，抱着布站在她面前讪讪地说来换丝时，她聪慧的眼一下就识破了他的小伎俩：匪来贸丝，来既我谋。她虽不能接受"氓"的莽撞，但也将个中原因委婉地告诉了他：匪我愆期，子无良媒——带有那么点温柔的嗔怪；但她又是善良的，她不忍心看到恋人的焦灼和失望，就用默默地相送来抚平他躁动不安的心灵，陪他渡过了汤汤淇水，并明白地向他传达出了女儿家的心思：将子无怒，秋以为期。至此，一个温婉、多情、纯洁的女子身影就轻轻地映在了淇水里。在等待婚期的日子里，她的痴情更是令人动容，她毫不掩饰自己的炽热：常常登上高高的垣墙，去眺望男子的踪影。"不见复关，泣涕涟涟。既见复关，载笑载言"，就在这一个个悲喜交加，苦乐相融的日子里，这个痴情女子演绎尽了她对爱的梦想，对幸福的憧憬，并带着它们走进了婚姻的殿堂，走进那条后来如淇水般令她百感交集的旅程。

她，水一样的柔韧贤淑。

就像无数古代贤良女子一样，她勤劳，能干，贤惠，坚韧，如水一般终日围绕着她的家，滋润着她的家。多少年来，她在夫家过着贫穷的生活，催老了曾经美丽的容颜，可为了这个家，她认了；多少年来，她在夫家做着粗重劳苦的活儿，粗糙了曾经柔嫩的双手，可为了这个家，她认了；多少年来，她夙兴夜寐地打理日子，久违了曾经缱绻的温情，可为了这个男人，她忍了；多少年来，她勤心养公姥，一心事夫婿，惯看了丈夫的喜怒无常，可为了这个男人，她忍了。就这样，她用她全部的心血浇灌着这个家，用她单薄的肩膀挑起了整个生活的重担，挑起一切她所不能承受之重，如水般地柔韧坚强地生活着。

她，水一样的沉静清醒。

当冰冷的淇水溅湿了她车上的帷幕，当汤汤的河水带走了她曾经的欢颜，她没有怨天尤人，没有哀伤沉沦，有的只是冷静的思考，清醒的抉择。她静言思之：作为妻子的她，安守妇道，痴诚待他，并没有什么差错，只是作为丈夫的他，日久生了倦意，也就变了心意。是他用"至于暴矣"的行径践踏了两人曾经"言笑晏晏"的真情和幸福；是他，用"二三其德"的心意粉碎了当初许下的"及尔偕老"的旦旦誓言。作为男人的他，为什么就如此寡情薄义呢？痛定思痛之后，这个有着水一样灵性的女子终于清醒地意识到："士之耽也，犹可说也。女之耽也，不可说也。"这是对自己的一种深切地责备，更是对众多女子的一种由衷地告诫！男人在这个社会里，男人和女人，生来就没有平等过！当她明白了这个至理后，她就变得格外冷静起来："淇则有岸，隰则有泮"，凡事都有个限度，你既然这样不想约束自己，那么我也就不想再委屈自己了；你既然这么不念旧情，那么也就不要责怪我的决绝了。我们就此拉倒，各走各的阳关道——反是不思，亦已焉哉！这在当时男尊女卑的森严社会里，是一个多么凛然的声音，一个多么刚强的抉择！它斩断了无数缠绵依附的枝蔓，让一个女子独立地站起，站成一个唯美的形象。

正因为如此，这个水一样的女子，能够穿越两千多年的风尘，依然明媚鲜活在我们的视野里，清新着我们有时会荒漠的心，成为众多女性形象中独具特色的一个。可以说，她就是一朵花，一朵摇曳在淇水畔美丽而坚强的女人花！

第六节　静女之后又如何

——谈谈《邶风·静女》中的女主将来时

《诗经·邶风·静女》中描写了一美丽纯情的静女，可称得上是"窈窕淑女，君子好逑"的那种。她天真热情，主动邀请一男子在城的角楼见面。当男子到来后，她又调皮地躲起来，暗中窥看那男子，当看到那男子因为长时间的等待而急得"搔首踟蹰"时，她才悄悄地钻出来，羞涩地送给那男子一根"有炜"的彤管和一束"洵美且异"的白茅来表达自己的心意。男子自然也是喜不自禁，连声夸这两样东西好看，并由衷地说"匪女之为美，美人之贻"，可见男子对静女也是一片痴情。

相信读完这出爱情喜剧的人，谁都会为这剧中的静女感到庆幸感到欣慰，她可真算得上是这个男子手中的一块宝啊。这是发生在两千多年前的一个美好的爱情故事，可看完这个故事后，又会让人禁不住还要往下想：他们恋爱之后又如何呢，当然是结婚；结婚之后又如何呢，那就好像一言难尽了。

同样是发生在两千多年前的一个故事。一个有着青青桑叶一般光鲜润泽的女子结识了一个男子，跟静女一样，她也属于自由恋爱，不见一点"父母之命，媒妁之言"的影子。那女子也是如静女一般天真热情，对男子也一样充满了爱恋和痴情：当男子没有请"良媒"而冒昧地向她求婚时，她虽然婉拒了，但又生怕他生气，就一直送他渡过淇水，并温柔地许他"秋以为期";在不见男子的日子里,她是"泣涕涟涟";在见到男子的日子里,她又是"载笑载言",女子的喜与乐几乎全都维系在了那个男子身上。而那个男子呢,也跟《诗经·邶风·静女》中的男子一样对女子是充满了爱意:他与女子是"言笑晏晏",他对女子是"信誓旦旦";他向女子求婚时,是一脸的痴情憨厚,还耍着一点"抱布贸丝"的小诡计,生怕女子不同意;在与女子结婚前的一段日子里,对女子是呵护有加,这从女子对他的无限依恋可以感受得出来。

这是《诗经·卫风·氓》里的一则故事。应该说,单从恋爱这一部分来看,两则故事都有着同样的甜美和诱人。但后一则里接下来发生的事就未免叫人心寒了。女子最终结婚了,女子开始操劳了,并且是"夙兴夜寐,靡有朝也"般地操劳;在其他方面也做得很不错,用她自己的话来说就是"女也不爽",自己压根就没有什么过错,可算得上是一个很有妇德的人了。可就这样一个很有妇德的人,却日渐遭到那个男子的厌弃。没有别的,仅仅是因为这个女子在日夜的操劳中憔悴了自己,再也引不起这个男子的新鲜感了,于是这个男子就开始"言既遂矣,至于暴矣",就开始"士也罔极,二三其德"起来,将以前的温柔以前的爱恋一下子都掐死得无影无踪,害得这个女子常常是"静言思之",最终只能是"躬自悼矣"。更令人伤心的事还在后面,后来这个男子没有任何缘由就将这个女子休了,只留给这个女子比"淇水汤汤"还要汪洋的忧伤和悲愤。哎,想当年,这个女子也曾经是这个男子手心里的一块宝啊,可为什么说变就变了呢?

这就让人不无揪心地想到那个静女,她恋爱时也是同那个女子一般天真可爱,一般充满了幸福和快乐,可一旦结婚后呢?一旦结婚后,她的处境恐怕也叫人难得细想,因为在那个时候,男人们是这样的不受约束,而女人们又是这样的被束缚。当然也不排除她会生活得很幸福,但这种概率真的会很小,就算她比《诗经.卫风.氓》中那个女子的命运要好些，不被丈夫嫌弃，两人很恩爱，但难免还是会让人有另一种担心，而这种担心，在现在看来也一点都不算多余，因为距今近两千年前的《孔雀东南飞》中的那个故事可以作证。故事中的女主人公刘兰芝和丈夫焦仲卿可算是少有的恩爱吧。仲卿对兰芝是一往情深，他打心眼里就希望同兰芝"结发同枕席，黄泉共为友"，一辈子恩爱到老，甚至在他母亲说兰芝不是的时候，一贯懦弱的他都还站出来替兰芝辩护。但兰芝的命运最终还是落得很悲惨，这又是为什么呢？这是因为，她上面还有一个专横无比的婆婆。婆婆，在那个时候，简直就是家长制的权威。这个婆婆，根本就容不得兰芝有半点的"举动自专由"，而兰芝却偏偏还有那么一点喜欢"举动自专由"，结果就可想而知了：婆婆不顾儿子的再三哀告，硬是把媳妇给赶回了家，最终导致儿子和媳妇的双双殉情。

可见，在静女那个时候，女人尽管有了丈夫的恩爱，恐怕都还是很难逃脱生活得不幸福这一关，因为，她上面还有一个至高无上的婆婆，婆婆的一双冷眼随时都有可能让你战战兢兢如履薄冰。而从《诗经·邶风·静女》中反映出来的静女的性情来看，她同兰芝一样，也是个率性女子，很有自己的主张。这从她主动约见男子给男子送彤管送白茅这点就可感受得出来。而这点，极有可能就是她以后婆婆的大忌了。到那时，美丽的静女恐怕就再难得成静女了，而只会成为一个整天哀叹"非为织作迟，君家妇难为"的怨妇了。

古代女子的处境是这般的尴尬，一点都不能受自己的主宰。未嫁时要从父，既嫁后要从夫，夫死后要从子，就是不能从自己。在男权主宰的社会里，她们简直就是汪洋大海上的一根稻草，这根稻草一旦碰上一个对家庭对感情不负责任的丈夫或者一个专横跋扈的婆婆，它的命运几乎就是颠覆性的了，哪里比得了我们现在的女性，无论是在政治上还是经济上都有了自己空前独立的地位，再也用不着依附谁，也再也用不着看谁的脸色行事了。如果还有哪个丈夫因为女人老了或者还有哪个婆婆因为媳妇太有主张了而想让她下课的话，他们心思还没动，恐怕自己早就先被下课了。想到这里，就越发地为静女生忧。而现时的她，看起来是那么纯真那么快乐，纯真快乐得似乎压根就不会想到她以后还有可能会有这么多的变故！而在现在的我们看来，她那时几乎就是到了悬崖的边缘，乐之极往往就意味着悲之极的到来！尽管深知很有可能会如此，但我们，作为与她相隔了几千年风尘的我们，最终也只能远远地看着她青春的面庞逐渐老去，听着她银铃般的笑声逐渐淡去而什么也做不了，唯一能做的，就是黯然转身，再把一丝疼痛，还有一些祈祷，默默放飞到风中……

第七节 自是花中第一流（一）

——谈谈南宋词家李清照

李清照是我国古代文学史上杰出的女作家，也是中国古代罕见的才女。她长于诗词，工于文赋，通晓金石，擅长书画，知解音律，而尤以词的艺术成就最高。王灼《碧鸡漫志》云："易安自少年便有诗名，才力华赡，逼近前辈，在士大夫中已不多得。若本朝妇人，当推文采第一。"杨慎《词品》谓："宋人中填词，李易安亦称冠绝。使在衣冠，当与秦七、黄九争雄，不独雄于闺阁也。"沈谦在《填词杂说》中将她与李后主相提并论，称"男中李后主，女中李易安，极是当行本色"。清王士禛在《花草蒙拾》中说："婉约以易安为宗，豪放惟幼安称首。"充分可见李清照在词上高度的艺术成就。她的词作之所以能独步一时，高蹈一世，直达"不徒俯视巾帼，直欲压倒须眉"的高度，以笔者一孔之见，是跟她词作中独特的女性视角、倜傥的丈夫气概、家常的言语风味这三个方面的艺术特色是分不开的。

李清照是一个奇迹，她以一部《漱玉词》灿烂于群星璀璨的宋代词坛，靓丽成男性为主角的中国古代词坛上一道独特的风景。之所以能有如此成就，跟她词作中独特的女性视角是分不开的。她的词作能以女性特有的柔肠灵性和细腻情怀观察记录周围的世界，展现那个时代知识女性的十分特殊的心灵世界和情感空间，传导出那个时代的所特有的风云气息和家国特色。

李清照的词在某种程度上就是她心路历程的记录，带有自传的性质，因而对自我形象的描写和赞美是其重要内容，而且更多的时候这种自我形象是通过咏花含蓄地展示出来的，这成为其词作的一个重大特色。

首先，词人惯于通过咏花来关注并赞美自我形象。她的早期词作《点绛唇》中的"露浓花瘦"中的"花"就是一个"蹴罢秋千""薄汗轻衣透"的纤巧清秀的少女形象，这少女形象又何尝不是女词人自己花季的写照呢。再如《醉花阴》，"莫道不销魂，帘卷西风，人比黄花瘦"，人们历来只欣赏它用比喻手法写相思之苦的新巧别致，实不知词人在写相思之苦时，也没有忘记对自我形象的美化。西风中，无限愁苦、无力摇摆的菊花，正是被思念煎熬得"憔悴损""香消玉减"的女词人自己的形象。虽"憔悴损"，虽"香消玉减"，但也决不蓬头垢面，仍然期冀像菊花一样在枝头凄楚地美丽着，执着地美丽着，惹人怜惜。从《减字木兰花》中就更可看出词人对自己美貌的自矜了。"卖花担上，买得一枝春欲放。泪染轻匀，犹带彤霞晓露痕"，这是一枝多么美丽的花啊！含苞待放，娇艳欲滴，以人面巧喻了花面；"怕郎猜道，奴面不如花面好。云鬓斜簪，徒要教郎比并看"，又以花面巧衬了人面。试想，如果不是对自己的容貌充满自信自爱，又怎敢以人面巧比花面，又以花面映衬人面，让郎"比并看"呢？

其次，词人还惯于通过咏花来表达对一种美好的精神人格的追求。纵观李清照的咏花词可以发现，她吟咏最多的是桂花、梅花。在这些咏花词里，李清照常以花自喻，表现出她对一种超俗逸尘、高洁自恃、孤芳自赏的人格的追求，使其突破了一般闺阁女子的纤弱性格，具有了名人雅士的千古风流。她说桂花"揉破黄金万点轻，剪成碧玉叶层层。风度精神如彦辅，太鲜明"（《摊破浣溪沙》），赞美它"暗淡轻黄体性柔，情疏迹远只香留。何须浅碧深红色，自是花中第一流"（《鹧鸪天》）。桂花平和淡泊，隐迹留香的精神气质神似魏晋名士的风流气度，而这，也正是女词人所向往的品格。梅也是词人最爱。李清照咏梅，重其清神洁韵、不同流俗的精神气质，《渔家傲·雪里已知春信至》《满庭芳·小阁藏春》等都是咏梅杰作。"莫恨香消雪减，须信道、扫迹情留。难言处，良宵淡月，疏影尚风流"（《满庭芳》），梅花这种高洁淡雅、超绝出尘的品性正是一种雅士逸士的风神，更是词人芳洁自爱的精神品质的写照。

女性视角的第二个特点是敢于袒露自己丰富细腻的情感体验特别是对爱情的体验，擅长描写爱情生活。由于封建正统思想的束缚，中国古代女性的心理和行为深受压抑，她们不敢展示自己的生命追求和青春激情，爱情对中国古代女性来说，既是生活的全部又是一种奢侈。在有限的古代女性创作中，真正涉及爱情的并不多。

李清照却是一个特例，她敢于袒露自己丰富细腻的情感体验特别是对爱情的体验，而且写得极为真挚热情坦率。她写少女对爱情的憧憬："和羞走，倚门回首，却把青梅嗅。"（《点绛唇》），她写初恋的矜持羞涩："绣面芙蓉一笑开，斜飞宝鸭衬香腮，眼波才动被人猜。一面风情深有韵，半笺娇恨寄幽怀，月移花影约重来。"（《浣溪沙》），她写新婚的甜蜜幸福："理罢笙簧，却对菱花淡淡妆。绛绡缕薄冰肌莹，雪腻酥香。笑语檀郎，今夜纱橱枕簟凉。"（《丑奴儿》），她写伉俪小别的相思离愁："花自飘零水自流。一种相思，两处闲愁。此情无计可消除，才下眉头，却上心头。"（《一剪梅》），她写爱侣早逝的悲凉凄绝："小风疏雨萧萧地，又催下千行泪。吹箫人去玉楼空，肠断与谁同倚。一枝折得，人间天上，没个人堪寄。"（《孤雁儿》）。这些词作，连篇真语，满怀至情，体现出女性自然率真的性情，与一般"男子而作闺音"的艳情词截然不同，后者还大多停留在对女性容貌服饰、居住环境等浅层次的描写上，或借男女之情写君臣之意来抒发胸中的块垒，即使某些优秀之作能曲尽人意地摹写女性的情感世界，终归隔了一层，不像李清照以我手写我情之自然真率。

女性视角的再一个特点是南渡后，词人能以自身飘零的切身感受反映民族灾难，抒发家国之痛。"靖康之变"是宋人的一大劫难，也改变了李清照平静幸福的贵妇生活。国破家亡之痛，颠沛流离之苦，永失爱侣之悲，节行被污之愤，使得她的词顿添沧桑之感。如果说同时代的男性词人是通过直接描写历史事件、直接抒发政治豪情来反映时代风云，李清照的词则是以女性固有的细腻敏感的视角，深刻地感知和记录离乱中的人们特别是女性的情感波动和心灵创伤，来间接地反映时代苦难。她痛感"物是人非事事休，欲语泪先流"（《武陵春》），然而，"故乡何处是？忘了除非醉"（《菩萨蛮》），甚至最惯常的芭蕉夜雨而今也变得格外凄切，"点滴霖霪，点滴霖霪，愁损北人，不惯起来听"（《添字采桑子》）。雨打在芭蕉上，更像打在词人心上。又如《声声慢》词首十四个叠字"寻寻觅觅，冷冷清清，凄凄惨惨戚戚"真如大珠小珠落玉盘，写出女词人独立凄风冷雨的黄昏，若有所思若有所待的孤独和酸楚。曾经恃才傲物的女词人如今寒窗独守，身心交瘁，想到故土沦丧，流落江湖，真是愁肠百转，这一种酸涩，怎是一个"愁"了得？词里没有眼泪，可读来却字字是泪。再如"如今憔悴，风鬟雾鬓，怕见夜间出去。不如向帘儿底下，听人笑语"（《永遇乐·落日熔金》），写到黍离之悲，物是人非之痛，真是字字血泪，声声呜咽，一派凄楚，一腔幽怨，动魄惊心。

当然，李清照的女性视角是在宋朝特定历史条件和环境下的观察人生和社会的方式，必然带有其时代和历史的局限性。但是她这种视角毕竟让我们看到了传统女性对自身和所处环境的审视，看到了女性自我意识觉醒的曙光，把典雅的东方女性美提高到了一个新的境界。

第八节　自是花中第一流（二）

——谈谈南宋词家李清照

　　李清照生长在英雄气盛的北方，她虽然是一个弱女子，但其性格却倜傥豪放而有丈夫气，所以前人就曾说"玩其笔力，本自矫拔，词家少有，庶几苏、辛之亚"。李清照作词，既有女性的温柔和明慧，又有一般女子所缺乏的俊爽和开朗，能把委婉的情思和超脱的襟怀融合在一起。婉约而不绮靡，柔中而有刚，蕴含着激昂豪迈之气。

　　"倜傥有丈夫气"首先表现在李清照对题材的选择上。李清照的词虽然绝大多数是写上层妇女的生活和情趣，但题材并不单调，并不局限于闺帏之中，而是走出重门深闺，游目骋怀，将有高逸情致的桂花、菊花、梅花入词，将自然景致、生活气息入词，将世事风云，家国变迁入词，这些都是以闺情艳词为主的婉约词中难觅的一些题材。更令人称奇的是，她的词中还多酒的踪影。在古代社会女性饮酒似乎不大可能，但在李清照的词作中，"酒"这个词却大量出现。也许是李清照在酒中才能找到灵感吧，所以无论是在早期还是晚期的词，"酒"这个词始终贯穿李清照词创作的始终。如早期词作《如梦令》两首词中，"浓睡不消残酒""沉醉不知归路"；《醉花阴》中"东篱把酒黄昏后"等词句举不胜举，李清照把自己的相思哀愁融入酒中，也把国仇家恨蕴入酒中。这酒，是不同于士大夫寻欢作乐的酒的。能饮此酒的女子，必定是有大丈夫一样的襟怀和气概。酒这个独特的题材使清照词在充满了女性温柔缠绵的同时，还有一种别的女性作家所没有的一种丈夫气，使阴柔美、阳刚美都融合于词中，创造了词的多重效果。

"倜傥有丈夫气"还表现在她的词中柔中带刚，蕴含着豪迈之气。最典型的代表就是她的《渔家傲》：

天接云涛连晓雾，星河欲转千帆舞。仿佛梦魂归帝所。闻天语，殷勤问我归何处。我报路长嗟日暮，学诗谩有惊人句。九万里风鹏正举。风休住，蓬舟吹取三山去！

上片开头两句就描绘了一幅辽阔壮美的海天相接图。其中"接""连"两字将"天""云涛""晓雾"组成的壮阔画面写动写活了。"星河""转"和"千帆""舞"将乘船人在船上的感觉逼真地传递给读者。船摇帆舞，星河欲转，既富于生活的真实感，也符合诗人梦境的特点，虚实结合，显得气象很是宏大。"仿佛"以下三句明写天帝关切的询问，暗中却让人联想到那置民于水火、畏敌如虎狼、只顾自己一路奔逃的宋高宗，时代的烟火色明明可见。

下片开头写词人的回答，其中"我报路长嗟日暮"的"报"字与上片的"问"呼应，是跨越两片的桥梁。"路长""日暮"是词人晚年孤独无依的痛苦经历，同时也是化用了《史记·伍子胥列传》中的"吾日暮途穷远"和屈原《离骚》中的"路漫漫其修远兮"。词人在这里取"路长""日暮"意在显露"上下求索"的意念和过程，与后面"学诗谩有惊人句"相连，倾诉的是词人空有才华而遭逢不幸的苦闷。结尾处词人写"九万里风鹏正举"，又是紧接上片乘船渡海的动作和四周海天相接的景象，化用庄子《逍遥游》里的句子，进一步对风进行烘托描绘，境界更加宏伟阔大。在大鹏高举的时刻，词人又大喝一声："风休住，蓬舟吹取三山去！"真可谓是豪气冲天，一往无前。

这首词中充分表示了她对自由的渴望，对光明的追求。但这种愿望在她生活的时代现实生活中是不可能实现的，因此她只有把这寄托于梦中虚无缥缈的神仙境界，在这境界中寻求出路。然而在那个时代，一个女子而能不安于社会给她安排的命运，大胆地提出冲破束缚、向往自由的追求，确实是很难得的。此词可以称得上是一首浪漫主义的豪放词。梁启超评价说："此绝似苏辛派，不类《漱玉词》中语。"真是一语中的。其所以有如此成就，无疑是作者的实际生活遭遇和她那种渴求冲决这种生活遭遇的思想感情促成的，这绝不是没有真实生活感情而故作豪语的人所能写得出的。

此外，像《念奴娇·萧条庭院》《永遇乐·落日熔金》这些典型的婉约词里，也都不是一味地婉约，而是内含矫健、感怆。就连李清照最有名的婉约之作《声声慢》，《历代名媛诗词》也指出："玩其笔力，本自矫拔，词家少有，庶几苏、辛之亚。"李词这一特点，正是她远远胜过其他婉约词人的地方。

由上述可见，李清照的词不仅具有女性的细腻柔丽，还具有一般女性所寡有的贞刚气质，故"易安体"不同于一般婉约词的地方，是温婉中有遒逸之气，旖旎中透出刚健、洒脱、俊爽。即便是一些感时伤怀的沉吟，追念往事的凄苦之词，其中也流动着一种爽逸之气，与一般流行的香软的词风异趣而别树一帜。无脂粉气，无闺阁气，就是有丈夫气，就这一点而言，易安体的风格显然不是一般意义上的"婉约"两字所能概括的。

李清照词的语言也有着与众不同的鲜明个性——口语化、通俗化，她善于把一些用惯了和用旧了的浅而且俗的家常语熔炼在她的词中，且巧匠运斤般地不着痕迹。如果说宋初柳永引俚语俗语入词，将词变雅为俗，周邦彦熔铸前人诗句入词，将词变俚为雅的话，那么李清照则独辟蹊径，自出机杼，从口语中提炼出一些明白省净富有表现力的语言来入词，从而创立了雅而不难、易而不俗、生活气息浓郁的"易安体"。

"易安体"的家常语言，在词的语言风味上别具一格。

如她的《南歌子》：

天上星河转，人间帘幕垂。凉生枕簟泪痕滋。起解罗衣聊问夜何其？翠贴莲蓬小，金销藕叶稀。旧时天气旧时衣，只有情怀不似旧家时！

词中大多是家常言语，明白字眼，初读来平平淡淡，波澜不惊，细品来却隽永味长，动人肺腑。"天上星河转，人间帘幕垂"，以对句作景语起。"星河转"而冠以"天上"，是寻常言语，"帘幕垂"说是"人间"的，却显不同寻常。"天上""人间"对举，就有"人天远隔"的含意。此词直述夫妻死别之悲怆，字面上虽似平静无波，朴素无华，内中则暗流汹涌，涵味深长。"旧时天气旧时衣"，这是一句极寻常的口语，唯有身历沧桑之变者才能领会其中所包含的许多内容，许多感情。"只有情怀不似旧家时"句的"旧家时"也就是"旧时"，秋凉天气如旧，金翠罗衣如旧，穿这罗衣的人也是由从前生活过来的旧人，只有人的"情怀"不似旧时了！不禁令人感慨万千，思绪绵绵，直叹服词人寻常言语中透露出来的不同寻常的魅力。

再如《凤凰台上忆吹箫》中的"生怕离怀别苦，多少事，欲说还休"一语，仿佛毫不经意，脱口而出，但若细细玩味，却含意多层，十分精细：亲人远别，千言万语无从说起，分手已定，重重心事，说又何用，宁可自我承受，不愿再增行人负担。这重重思绪、微妙心态，全用家常口语道出而含蕴绵绵不尽。

前期词中有"霎儿晴，霎儿雨，霎儿风"（《行香子》），"霎儿"是纯口语，指短暂的时间，犹言一会儿。这几句口语，语意双关，构思新颖，用天气的阴晴变化隐喻人的悲喜交集，由喜而悲，如陈年老窖，愈品愈香。

不妨再看看历代论者对这方面的评价：

清代澎孙鹬在《金粟词话》中评《念奴娇》中的"种种恼人天气""被冷香消新梦觉，不许愁人不起""更看今日晴未"和《声声慢》中的"乍暖还寒时候，最难将息""守着窗儿，独自怎生得黑""这次第，怎一个愁字了得！"时说："皆用浅俗之语，发清新之思，词意并工，闺情绝调。"

黄蓼园在《蓼园诗选》中评《念奴娇》曰："至前阕云'重门须闭'，次阕云'不许''不起'，一开一合，情各夐夐生新。起处雨，结句晴，局法深成"。

宋代张端义在《贵耳集》中评"如今憔悴，风鬟霜鬓，怕见夜间出去。不如向帘儿底下，听人笑语"（《永遇乐》）时说："皆以寻常语度入音律，炼句精巧则易，平淡入巧者难。"

明人杨慎的《诗品》云："山谷所谓以故为新，以俗为雅者，易安先得之矣。"

应该说，李清照词作的口语化、通俗化不是走向平淡寡味，松散无力，而是在家常语基础上匠心独运锻造提纯的结果。它早已化粗为精，化俗为雅，达到了"淡语皆有味，浅语皆有致"的境界。正是因为这种境界，李清照词的语言才清新可人，流传甚广，像她笔下的花树的"宠柳娇花""绿肥红瘦"，天气的"浓烟暗雨""风柔日薄"，思妇"人比黄花瘦"，都早已成为人们耳熟能详的词句。也正是因为这种家常语，才将一个才女的心思娓娓道来，看似水波不兴，平平淡淡，却感人至深。

李清照作为一个封建时代的女性，能够在百家词坛中卓然生辉，直与须眉分庭抗礼，千百年来让人肃然起敬，这不能不说是她自己创造的一个奇迹。这个被后人喻为"乱世中的美神"的女子，在沧桑岁月里，凭着她细腻独特的女性视角传导出了女性精神风貌、人格内涵，折射出家国变幻、黍离之悲，虽生于闺阁钗裙中但能自觉地脱去脂粉闺阁气，洋溢着一股爽逸的丈夫气，并能匠心独运地将家常之语引入高雅之词中，化俗为雅，化粗为精，将自己的词作陶冶出了一番清新美色，不能不说是一种灵心、高才的结晶。本文只是从独特的女性视角、倜傥的丈夫气概、家常的语言风味三个方面对李清照词的艺术风格进行了一番管中窥豹，自知只是窥得了一鳞半爪，皮毛颜色，要想能真正走进并领略这位词作的风采和神韵，还需切切实实地经历一番潜心修炼苦心钻研的过程。

刘鹗在《老残游记》序中说过："《离骚》为屈大夫之哭泣，《庄子》为蒙叟之哭泣，《史记》为太史公之哭泣，《草堂诗集》为杜工部之哭泣。"以此推来，《漱玉词》当是易安居士之哭泣，而这斐然的文学成就便是她以词当哭的结果。正因为如此，李清照和她独创的"易安体"将永远是中国词史上极其活色生香的一笔，将永远都会让后人顾盼不已。

第四章　做有情怀的语文老师

第一节　语文功里善始终

——说说我的"慢"语文

我一直就认为自己是一个没有新意的老师，在教学生学语文这门课上，完全没有什么高招，有的只是一些很原始很传统的做法，说到底，就是一些比较"二"的做法。我教学生，就喜欢磨叽他们的语文基本功。日复一日，年复一年，愚公移山似的抓和培养，就如我的慢性子一般。我是把我的语文都教成慢性子了。所以，我教出来的学生，别的话我不敢说，唯一敢对他们说的一句话就是：你们的语文素养可能立马在考场上反映不出来，但绝对可以在一辈子中反映出来。

那么，我与我的学生们都锤炼了哪些语文基本功呢？下面，我就向大家汇报汇报。

一、背诵默写：一字一词

对于高中应该背诵默写的课文，我从不走过场，也不采用轻松简便的方法，比如说让学生互相检查背，然后老师抽查背，再点三两人上黑板默写等，这些方法容易流于表面，不能深入其里。对于要背诵的课文，我总是先在课堂上引导背，和学生一起总结背的思路和方法，然后利用一到两个早自习时间强化巩固背诵，再指定时间全班统一默写。这个默写从不偷工减料，时间允许的话，尽量做到全文默完。因为这个默写的过程就是接触字的一笔一画、文的一词一句的过程，慢功才可慢体悟。默完之后，就互相批改，再根据全班默写情况确定不过关的同学。对于这些不过关的同学会要求回火，再背默，直到达标为止。对于高中需要背诵默写的课文，我一律采用的就是这种最原始最笨拙的办法。因为我觉得，对于这些经典篇目第一印象的准确，才会大大提高以后的巩固率。尽管是最难背的课文，比如说《离骚》《逍遥游》等，我都从不要求学生寻章摘句地背，而是等同视之，全文攻难克坚地背下来。因为好多文章，你当时感觉难，不背，以后就完全没有背的可能了。就算当时背时觉得不懂的地方，只要背下来，以后随着阅历的增加，都会有恍然顿悟的一天；但是不背，就连顿悟的机会都没有了。

二、生字听写：一笔一画

湖北高中语文进入全国卷模式后，生字已不是考试范畴；但我觉得对生字的掌握依然不能放松，这不仅仅是对祖国语言文字的尊重问题，更是积累词句、锻炼语感的好机会。任何语言学科，没有相应的词汇量，是不可能产生良好的语感的。为此，对于高中三年中课本上出现的生字词，我都同样会板书出来，让学生读记，就像小学时学生字一样。读记之后，会让学生抄写，会报听写，会引导学生在作文和说话中去应用。

三、课前三分钟演讲、读书：一言一语

从预备铃打，到上课前的三分钟，是很容易闲散而过的。学生很容易讲话、喧闹，状态很兴奋；老师也很容易无所事事。其实这样很不利于一节课的定调和定神。如何利用好这个边角料时间也是一门学问。为此，我根据高中三年的不同需求，将这课前三分钟作了充分利用。高一高二

的语文需要打国学的底子，很多学生反映没有时间读国学，或者大块大块地去读国学，也容易疲倦而无所得。据此，我就让学生充分利用好这课前三分钟时间，也可以读到五分钟。读《论语》《孟子》等国学经典。高一读完《论语》，高二读完《孟子》。试想，如果让这三分钟时间完全浪费，学生们又如何能慢慢啃完这两本书呢？到了高三，学生复习备考比较枯燥乏味，再加上现在的高考作文多考时评类、任务驱动型议论文，我便发动学生做课前三分钟演讲。要求一事一议，针对身边的大小事，简单陈述并发表看法，形式上还可自我设计。总而言之要体现"演"和"讲"的特点。全班同学排有一个演讲顺序表，前一个同学演讲，后一个同学就点评并做好下堂课演讲的准备。一年下来，还演讲了三轮。同学们越讲越成熟自信，不仅是阐述观点的成熟自信，更有为人处世掌控局面的成熟自信。在演讲中，我还为每个同学拍下他最精彩的瞬间，待他们毕业后，都一一发给了他们，让他们见证自己在演讲中成长的风采。

四、摘抄本：一抄一诵

进入高中，我便要求人手一本摘抄本，摘抄本的宗旨是"写作所需，摘抄所记"。为了便于学生们迅速上路，我还跟学生们设计了十一个板块，让他们在此基础上自我去调整去发挥。这十一个板块分别是：好的词句，好的题目，好的开头，好的过渡，好的结尾，好的构思，好的立意，好的论据，好的片段，好的提纲，好的百科（名言、对联、歌词等）等。高一为了引导学生上路，基本上一周要检查一次。高二已经上路，就在背记上面提出了要求，给时间读记摘抄本上的东西，并背诵给全班听。高一高二是打底子，蓄能量，摘抄面就撒得比较广；到了高三，就加强了应考方面的摘抄，开始分点分专题摘抄，比如建立"立德树人""诚实守信""科技创新""文化自信"等一些专题，并在量上面也做了规定：每周三条名言，两个论据，一个提纲等等，所摘抄的就是本周要熟记的，做到摘抄不流于形式。

五、改错本：一点一记

改错本是高考的镇考之本，是务必要抓落实抓到位的。在高一时，我便强调学生用一个大一点厚一点的笔记本做改错本，按高考出现的题型分类做好改错。改错本要像一本书一样，编好目录和页码。改错本至少要用两色笔：黑笔做记录，红笔纠正和提醒。改错本的改错要及时，每次作业后，每次考试后，都要有必要的更新。就"及时更新"这个习惯，有很多同学都难以坚持。有些同学可以一两个月下来，甚至一学期下来，都没有任何更新，这就是坚持的习惯不够好。所以改错本的更新，还需要老师定期的检查和督促。比如每周最后一个早自习时，我就会让学生把改错本翻到相应的专题给我检查；有时是在一场考试讲评后，我就会让学生随机翻出自己有更新的一面给我检查。通过老师有规律的检查逐步引导学生在改错上上路。为了保证改错的质量，只要课堂上有剩余时间，我就会让学生当堂整理改错。改错后的东西要巩固，在每周早自习前的十分钟，我就会让学生读他们的改错本。经过高一高二的督促引导，到了高三，学生们的改错就做得非常及时非常认真了。一些同学还在改错本上贴了一些各种颜色的字条，做各种查漏补缺的工作。还有些同学学会了用改错本归纳总结知识点。比如在"默写"这一项，有些学生就学会整理成"通假字易错""形近字易错""容易写错写掉的虚词"等几类，还试着总结做小说题、诗词题等的一些要领和格式。

六、周记本：一手一心

高三全是议论文的天下，尤其是时评类和任务驱动型作文写得多。唯高一高二时还能有点自由呼吸、自由写作的空间，再加上养成随时记录、随时总结的习惯也是人生大语文的必须，所以，不管时间再紧张，我都会要求学生两周要完成一篇周记。这篇周记形式内容不限，但不能太短，一般要求是笔记本的一面半纸，八百字左右。老师会收上来看，会集中点评。在高一高二写周记的岁月里，同学们写作的内容很丰富，有写自己生活中喜怒哀乐的，有写学完课文之后的感受的，有写对身边事对时事看法的，还有写科幻武侠题材的。形式也很多样，有散文、杂文、小说、诗歌等，还有的后来创作剧本。比如在学完戏剧《雷雨》之后，有学生就将文言文《项羽之死》改创成了课本剧，在学校的课本剧大赛上表演。凡是写得好的作品，我都会推荐给学校的《鹤鸣》杂志去发表。可以说，高一高二写周记的时候，是同学们的创作和语文细胞最活跃最生动的时候。我们老师也得以通过周记了解了学生们的一些内心世界，这是平时通过课堂和简单的日常交流所捕获不到的。两年下来，每个同学都有了一本厚厚的周记本，记录了自己两年的成长历程。到了高三之后，因为时间紧，任务重，再加上语文科目在理科世界的艰于呼吸，我便没有再硬性要求学生写周记了，但我发现有些学生依然还保持了随时感想、随手记录的习惯，这就够了。

七、考试记载：一步一阶

我从高一起，便建立了一个考试规律表格，贴在后墙上，表格不记录分数，单只记录四类情况：第一名的，年级前五的，进步大的，未达一本线的。这样一学期一年下来，哪些优秀的次数多，哪些不达一本线的次数多，一目了然。每次我都会对第一名的、年级前五的和进步大的给予表扬和奖励，奖励他们一本杂志或一本书；一年完了之后，我还会对从来都达一本线的同学给予表扬，也奖励他们一本杂志。我的口号是，到高三毕业时，最好人手一本我奖的杂志，当然，这要靠他们自己去争取。果真到了高三毕业前，我统计杂志数，就做到了人手一本，我觉得这就是一种变相的助学，也是一种善始善终。对不达一本线次数比较多的，我就给予帮扶谈话，有针对性地跟他（她）查漏补缺，直到他（她）减少不达一本线的次数。

这个办法总能激励大家不断向上，努力摆脱甩尾现象。采取这种办法后，往往能很明显看出一个学生的进退，一个学生也很容易就能得到关注或提醒。记得班上有个叫熊传豹的学生，他在高一高二时，语文成绩几乎没有达到过一本线，他自己也表示对学语文没有好感，也没有信心。到了高三时，他自己懂事了，知道不能偏科，再加上我对他每次达线后的不断鼓励和表扬，他竟由一个语文差生一变为一个每次都差不多能达一本线的合格生了，最终在高考时，他也顺利达到了语文一本线。我当时就对全班学生说，熊传豹同学创造了自己学语文的奇迹！对于这点，全班学生也很认同，因为在"未达一本线"这个标注上，熊传豹同学几乎归零了。只有长期做这种有规律的标注，师生们长期有目共睹，才能很有说服力。因为标注的不断提醒，表格上不达一本线的同学，到了高三后段时间还真的不断在减少，由平常往日的十五六个减少到后来的七八个以至高考后的三四个。

除了做考试记载，我还引导学生们做资料索引。在高三备考的后段时间，学生们的资料往往非常多，弄不好就会眉目不清，找一份资料要找半天。我便想了一个办法，每发一次资料便在墙上贴的表格上索引一次，并且引导学生也有意识地这么编排，这样到了高考最后几天冲刺的时候，学生们的资料也大多是井井有条的，很方便了他们的查询和查漏补缺。

八、范文背诵：一带一路

最后一项，我想谈谈范文背诵。这是进入高三后期做的事。班上的学生是理科生，且大多是男生，平时读书、作文本就不多，如不背记一些东西，在脑海里建立一些模式化的可迅速操作的范本，这对于他们作文的提高会很难很慢。记得在高一高二时，班上的作文平均分在全年级根本不占优势；在进入高三后，我就想了一些办法，主要办法就是挑选一些在选材、立意、构思、语言上各有特色的文章来让他们熟读和背诵。书读百遍，其义自现，其精髓也自现，这是建立学生语感和文感的一个笨办法。为了确保背诵的质量，由我和学生一起商量，共同圈定了十篇文字，有满分作文，有报刊时评，还有大家美文。两到三周背一篇，保证在高考前背完十篇文字，在高考的前几天又回火。在开始背的时候，有的同学很有为难情绪，这个时候也不对他做硬性要求，只建议他背文章提纲和里面的精彩片段，待到他听到别的同学熟练背诵全文后，他自然就会慢慢跟上来。在慢慢记诵的过程中，全班同学的作文均分也在慢慢提高，跟在记诵之前相比平均上涨了两到三分。我觉得背经典范文的做法，可能对培养优生的效果不算明显，但对大面积提高普通学生的作文分数还是很有帮助的。我们班在高考前一起背过的文章有：

1、《图书岂能论斤售卖》

2、《敬畏历史，就是捍卫良知》

3、《诗心，生活惊涛中的"平静力量"》

4、《有限的人生，活出无限的精彩》

5、《体育精神理应超越竞技胜负》

6、《戴着"镣铐"翩翩起舞》

7、《物勒我名，是以敬畏》

8、《选择适合自己的皮椅和板凳》

9、《让丝路精神照亮文明的天空》

10、《共享单车"停好"才算挺好》

语文基本功磨炼得差不多了，高考也就到了。就在高考的前一天，有个叫李苗的学生，后来她考上了武汉大学，她专门送我了一碗青莲，还附了一句话：先生之风，山高水长。第一次听到"先生"这个称呼，我内心沉吟了很久。我想，我这么磨，还终于"磨"感动了一个人！还是这个叫李苗的学生告诉我，她现在在大学都还蛮喜欢语文的，总在坚持不断地读书，背书，写东西。这就够了。

第二节　情动于衷方语文

——说说我的"情"语文

"日月忽其不淹兮，春与秋其代序"，某天领着学生吟哦屈原《离骚》中的诗句，我的思绪便如平川放马，驰骋飞扬……时光流逝，弹指挥间，我在语文教坛上已耕耘了近三十个春秋！回首走过的路，一句话由衷而出：这真是一段温暖而百感交集的旅程呀！在这段旅程中，我和我的学生们抬头是"语"，低头是"文"；在这段旅程中，我和我的学生们用的是"心"，动的是"情"；在这段旅程中，我和我的学生们把语文唱成了"歌"，把语文跳成了"舞"……语文，语文！语文是个体，语文更是众生啊……

1、爱心

我一直相信女儿童话书中《睡美人》里的一句话：真爱可以战胜一切。是的，真爱可以战胜一切！在语文教学中，只要你永远以人为本，眼里有学生，心里有学生，他（她）就不会永远坚如磐石，固不可彻。在上语文课时，我就喜欢用友好的目光去打量每一个学生，让他们感觉到语文老师是在关心他（她），语文老师是最有温度最有爱心的！有的同学松散惯了，上着上着就会忍不住讲起小话来。这时我就会走过去轻轻地拍他（她）的肩膀朝他（她）微微地笑，这时他（她）多半就会不好意思再讲了。有的同学瞌睡病犯了，我就会摸着他（她）的头歉意地说：

"一定是老师的课讲得太不精彩了。不过，还是请你强忍着听一下吧！"这时他（她）往往就会不好意思地笑，接下来多半会一直专心听到下课。下课后，我一般很少会回办公室，大多时候会在教室里转。而这时，学生们就会冲我友好地笑，我也会冲他们友好地笑。这一笑，就意味着那一颗我用爱作雨水播下的种子已经在学生们心中悄悄地萌了芽……

因为爱学生，所以我在教学中一直都比较民主公平。我上语文课从来不采取板着面孔的说教式，而是笑嘻嘻地用拉家常式的语调同学生们探讨问题，让学生们感觉语文老师不是在给他们上课，而是在同他们聊天，我们就在这慢慢聊中来解决一个个的问题。因为我的随和，学生们也就格外地放松，他们对我往往是知无不言、言无不尽，师生的关系也就在这慢慢聊中越来越亲热。我对所谓的差生也一直比较关注，从不因为他们成绩不好就对他们另眼相看。上课时，我会鼓励他们答问题：如果答对了，就大加表扬；如果答不出，我也绝不会冷嘲热讽。下课后，我还会主动地询问他们有什么不懂的地方；如果有，我就一定会为他们耐心讲解。有个学生在教师节给我写了一封信，他在信中说："徐徐老师，以前还从来没有哪个老师过问过我，更谈不上帮助我，是您，让我感觉到我很重要……"后来这个读高中以来从未背诵过一篇课文的学生居然还成了检查背诵的小组长。

正因为同学们感受到语文老师对他们的关爱，所以，好多以前从不拿语文书的同学往往也会经常拿着一本语文书在读在看。有些学习上吃不饱的学生，还会主动向我借书、借资料看，弄得有些老师不无羡慕地问我："你究竟是用了什么灵丹妙药让他们这么爱搞语文的呀？"我笑而不语。我知道，我哪里有什么灵丹妙药，我有的只是一颗爱心，这颗爱心在无声处滋润着我的学生们，让他们在悄悄地发生着神奇的变化。

2、耐心

学生们在学语文时最大的毛病就是浮躁，不踏实，喜欢偷工减料，而语文又是一门最讲究积累、最讲究持之以恒的学科；如果只追求短期效应，搞突击战，那么语文一定会凶多吉少。针对学生们学语文存在的这个问题，我决心从我自己做起，以我的耐心来引导他们的恒心：语文老师就连引导方式也应该是最语文的。

我会从学生们的语文基础知识先抓起，会把一些数量庞大而又需要反复记忆的一些东西如成语、文化常识、文言字词句等分成一个个的小块，督促他们化整为零地进行记忆消化。对于喜欢偷懒耍滑的学生我也绝不会手软，往往会穷追不舍，直至他们过关为止。开始，有学生对我的这种做法很不理解，认为是小题大做，自找麻烦。我就会对他们说："你们现在先别忙着下结论，只管跟着我做就行了。"大凡经过我这么一番严防死守的学生，不仅养成了每天有计划地消化基础知识的好习惯，而且还惊奇地发现，原来自己提笔就丢分的语基题现在做起来都比原来"靠"多了。

作文是高考的重头戏，而学生们往往就把这个重头戏演不好，不是速度太慢，就是内容太乏，而他们自己，有的就连每两周一次的大作文都懒得写，或者写了也纯属交差。这样下去，冲刺高考简直就是一句空话。为了培养学生们的写作兴趣，提高他们的写作水平，我往往也会"逼"他们。我要他们每天读一篇美文，没有书的话，我会从图书室给他们借，甚至还会把我家里的书也搬来给他们看。为了检查他们读了没有，我还会每天不厌其烦地问他们今天读的是什么文章，有什么体会。每到周末我还会专门抽出一节课来让他们交流读书感受。迫于我的"压力"，教室里往往读书成风，常常会有吟诵声入耳。

我还会要求学生们每周交一篇练笔。对于练笔的批改，我从不打折扣。不仅会及时认真地批改，还会有详细的记载。尤其是对那些写得比较好的片段，我还会不惜时间地把它们打印下来或者抄在备课本上，便于在讲评时有根有据，让学生感受到老师对他们成果的重视，无形中也就提高了他们写作的兴趣。由于我批改得耐心细致，评讲得有根有据，大多数学生也就能够按时地认真地完成练笔。但肯定会有少数赖着不写的，这个时候，我就会对他们实施"软磨硬泡"法，让他们最终抵挡不住的我的"纠缠"而乖乖地写下练笔。经过我这样长期地严格要求和逐步引导，学生们的写作水平往往会有明显提高，每次大型考试，班上的作文均分总要高于平行班级两到三分。

3、责任心

我不是班主任，但我会做很多班主任的事。我一直认为，关心学生的方方面面是每个老师的天职，况且语文教学也不单纯是个技巧问题，还有很多技巧所不能及的事，它往往会给我们语文教学带来意想不到的效果。

比如，为了让学生有一个良好的学习习惯，也为了能让学生有一个有疑问能及时问我的机会，我每次上早自习、晚自习时都会提前十到二十分钟到教室，督促他们学习，当然不一定是搞语文，愿意搞哪科就搞哪科。中午时间，我也喜欢来转转。在开始一段时间，有的学生很不理解，认为语文老师不是班主任为什么总喜欢来"查班"，后来他们才明白语文老师的良苦用心，原来语文老师也在为创造一个良好的学风在尽自己的一点努力呀！当学生们明白了我的心思后，以后只要我一来，他们总是比以前学得更带劲些了。

我还喜欢做学生的思想工作。我觉得语文教育就是化人的教育，做思想工作同样是在做语文功课。在一学年里，我规定自己找每个学生至少谈三次话，有的学生还不下于十次。班上有个学生，成绩比较好，但自觉性比较差，屡教不改。我知道这个情况后，就对班主任说，让我来跟他谈谈吧。因为我知道这个学生的底细，知道他家里很穷，他的妹妹还因此中途辍学去打工了。我找到他，与他做了一次深谈，我问他："你今年多大了？"他说18岁了。我说18岁了，是个男子汉了，该为你父母分忧、为你的妹妹着想了；还有老师我，就一直在关心着你的学习，你老这个样子下去，对得起这些关心你爱护你的人吗？他低下头，泪水直往下流。我掏出纸巾给他，然后轻轻对他说："你走吧，你记住，不管怎样，老师我都会始终关注你的！"后来我还多次与这个学生交心谈心，这个学生最终也靠自己的努力迈进了重点大学的门槛，圆了自己的梦想。

有一次市质检下来，有些学生考得很不理想，情绪因此很低落，有的甚至想回去不参加高考了。高考迫在眉睫，士气焉能如此不振。作为一个语文老师，我觉得我有责任也有义务来点拨他们帮助他们。我便打开电脑，对他们说：孩子们，来，听歌吧，《真心英雄》！激昂的乐曲声顿时在教室里回荡开来。我发现，当同学们听到"不经历风雨，怎么见彩虹，没有人能随随便便成功"这一句歌词时，他们眼中有一种异样的光在闪动……之后，教室里经常有这首歌唱起，那是他们在为自己鼓劲。在去往高考的途中，他们竟又不约而同地唱起了这首歌，直到走进考场。因为我这份高度的责任心，带来的不仅是学生整体成绩的提高，而且也让我的语文教学受益匪浅，学生上我的语文课就比以往更带劲更认真了。

4、欢喜心

看过一篇文章，大意是说使激情泯灭的，不是前方的艰难险阻，而是鞋子里的沙砾。诚哉斯言！教师的工作是一项平凡而又琐碎的工作，有多少教师在这项平凡而琐碎的工作中濡白了双鬓，消褪了红颜，甚至泯灭了激情。在近三十年的教学生涯中，我也曾迷惘过，苦恼过，甚至想改行过，但经过长时间的思想磨砺，我也渐渐领悟：与其把工作当作一种负担，不如把它当作一种快乐，让自己在工作快乐，也在工作中美丽！其实教书亦有王国维所说的三种境界：昨夜西风凋碧树，独上高楼，望断天涯路——为谋生；为伊消得人憔悴衣带渐宽终不悔——为献身；

众里寻他千百度，蓦然回首，那人却在灯火阑珊处——为美丽。我追求第三种境界，因而充满欢喜、充满激情就是工作中的我！

课堂上，我幽默风趣，妙语连珠，与生同乐，春意融融；学生遇到挫折气馁时，我会和他们一起高歌"不经历风雨，怎么见彩虹，没有谁能随随便便成功"；为了让他们感受到语文的魅力，我还会不失时机地组织他们开展活动：赛诗会，演讲赛，书法展等。高中的学生往往对课文很小觑，以为学与不学一个样，因而往往会忽视课本这个宝库。为了纠正学生这个偏见，我就动手将课本中的古诗词化解，做了一首题为"愁思"诗：愁思是李清照的眉头，在月满西楼时轻凝，愁思是柳永的泪眼，在晓风残月中婆娑，愁思是杜甫的双鬓，在新停的浊酒杯中濡白，愁思是李白的白发，在高堂明镜里疯长。愁思是孟姜女身边卧倒的长城，是兰芝头顶徘徊的孔雀，是怨女车旁汤汤的淇水。愁思是雨巷里飘过的丁香花，是青石路上开落的容颜，是花开季节面朝大海的房子。愁思是你，愁思是我，愁思是岁月的额头上最深情的一抹……当读给学生们听时，我发现教室里鸦雀无声，同学们的眼睛里都有一种异样的光在闪动！事后，有同学在练笔中写道：课文的美就在身边，而我们却常常对它视而不见！再之后，有同学居然也模仿起我，利用课本材料写起诗来！就这样，我用一颗欢喜心和一腔激情点燃了学生智慧的火花，划亮了他们懵懂的心空。"暮春者，春服既成，童子六七人，冠者五六人，浴乎沂，风乎舞雩，咏而归……"在学生们琅琅的读书声中，我的心常常在两千多年前孔子学生描绘的画面中轻舞飞扬。

5、事业心

我只是一个中师生，后来虽然自修了中文本科，但功底依然算不得扎实；尽管这样，我还是坚信，一个人只要用了心、尽了心，他（她）所追求的事，连上帝都会给他（她）让路。比如，为了提高自己的业务水平，我就经常广采博览。学校图书室订的《语文月刊》《中学语文教学参考》《中学语文》《语文报》等等报纸杂志我是期期必看，碰到有用的东西还随时摘抄。自己买的一些专业书籍如《中学语文教学法》《教育学》《心理学》《中外教育名家的教育智慧》等更是案头常备书。只要有时间，《读者》《中国青年》《美文》《散文》《小说月报》等杂志我也是经常浏览。正因为我肯钻肯学，所以我上起课来并不显得捉襟见肘、单调乏味，相反还显得游刃有余、风趣幽默，学生们也很爱上我的语文课。在评教评学中，学生们大多会在"你最喜欢上的课"一栏中，写上"语文"两个字。

业余时间，我也喜欢写点东西。大到写文章，小到写日记，手总是没怎么停过。我写东西也没有什么别的理念，就是觉得作为一个语文老师，你不写怎么说得过去。就这么一个简单的理念支撑着我，我写了两三百篇散文，数十篇论文，一些在报纸杂志上发表过，一些还在省市大赛中获过奖。后来我写的文章，我还将它们结集，交给中国文联出版社去出版，书名就叫《清风徐来》，是一本散文集。我因此也成了一个老师作家，加入了省作家协会。我的这个举动对我的学生们触动很大，他们自豪地说：我们终于看见了一个活生生的作家在我们身边了……有几个爱好写作的学生还偷偷告诉我，他们以后也会出书；出书后会第一时间寄给我……自从出了《清风徐来》这本书后，我就越发觉得一个语文老师著书立说的必要性。一个语文老师，经常动动笔，将教学中的点点滴滴记录下来，汇聚起来，提炼出来，不仅在写作上能给学生以良好的影响，而且我们的一些写，还会倒逼我们自己去研究去思考，去发现语文教学中更多"奇伟瑰怪非常之观"，从而让我们的语文教学，更富有朝气，更富有灵气，从而也更符合语文生态观的一些要求。

最后，就拿我给学生们写的一首小诗来做结束语吧：

做不了火炬

就让我做一颗星星吧

它会点亮你迷惘的心灯

做不了春天

就让我做一抹落红吧

它会滋养你幼小的苗根

做不了雄鹰

就让我做一只飞鸟吧

它会划破你沉睡的天空

做不了蓝天

就让我做一朵白云吧

它会装点你单调的小窗

没有意气扬扬的脸庞

只有深深浅浅的脚印

第三节　轻舞飞扬自在春

—— 一次成功课堂调控的案例

　　单调甚至枯燥的是近来的生活状况：每天的日子分割成吃饭，工作，睡觉三个版块。白天和黑夜是轮回的两色。学生和教员是左顾和右盼之间转换的面孔。有一种情绪挥之不去：压抑，郁闷，茫然……感觉要逃，但又高墙壁立。

　　学生的情况也不会比我强多少，他们每天六点起床，到晚上十点才能进寝睡觉。早餐、中餐、晚餐都只有四十来分钟，然后其他时间都是在教室里度过：从上课到上课，从学习到学习。学生们几乎处于一种高速运转的机器状态。每次走进教室时，我都不忍看见他们疲惫而麻木的眼神。多彩多梦的季节，被长久地局促在一个仄仄的四方块中，是不是一种残忍呢，何况三年之后，那条千军万马鱼贯的独木桥会不会是青春的祭奠，也难以预测。望着教室里坐的密密麻麻的学生们，我常常有一种说不出的味道。

　　日子是要过的，抱怨郁闷是一种过法，豁达乐观是一种过法，为什么不选择一种让彼此都快乐的过法呢？

　　我思考着。

　　每次走进教室，我都将最灿烂的笑容传达给学生们。并且对他们说，同学们，一起微笑吧，让我们每一节课都精神饱满，心情愉快。让我们心头每天都燃烧着一轮最鲜艳的太阳。同学们笑了，匍匐作业的，埋头读书的，这时都抬起头来，冲我绽开了他们最甜美的笑容，教室里顿时温馨四溢。上课时，我用眼睛凝视着每一个同学，让他们在四目相对中感受出一种关爱和呵护，让他们坚定地相信，他们每一个人都是我手心里的宝！

我一直执着的认为，每一个同学和每一个老师能够走进同一个教室并且朝夕相处，声息相通，那是我们人生一场不浅的缘分，在这短暂的相逢里，我们彼此没有理由不让这种相处和谐而快乐。学习固然重要，但人生更重要的是有一种美丽的心境和健康的情怀，后者对于一个人的影响更加持久而深入。

我不吝啬自己的笑容，我也经常用机智的幽默点燃他们最纯真的笑容，用关切的抚摸抚平他们躁动不安的心灵。我不想让他们感觉到背负着学习重压的日子是枯燥无味的，我想他们感觉到，有我与他们同行，每一天都是阳光明媚、心情灿烂的。

我的激情朗诵赢得学生们情不自禁地鼓掌，我在讲解《沙扬娜拉》时下课铃声响起，我以一个最优雅的沙娜拉姿势结束我的课，并不想占用下课的那么一点时间来让学生们疲惫，而学生们也都不由自主地还我一个沙扬娜拉，教室里顿时一片默契的笑声。

当是我的课时，学生们欢迎我的不是那些缠绵的流行歌曲，却是齐声朗诵的《再别康桥》！我忽然记起，我上次上这课时，跟他们玩笑过一句：以后你们上课前，就不唱歌了，改朗诵诗歌，这样多有诗意，多有情趣。他们都笑了，但没想到他们把这句玩笑话居然都记在了心里，用这种最真挚最快乐的方式来欢迎我！

我跟他们布置了一篇作文《给语文老师的一封信》，有同学写道：老师，跟你在一起我们是快乐的，我们上了一节课后，就盼望下一节课还是您的，您应该能感受出来吧。我怎么不能感受出来呢，这齐声朗诵的《再别康桥》让我感受到了一种最朴素也终最隆重的欢迎仪式。

我常想，我可能不是一个教学上很优秀的老师，但是我永远想作一个让我的学生们快乐的大朋友。穿过一些急功近利的篱笆，我们是不是更能走进一片春暖花开的胜地呢。

就让我和你们一起轻舞飞扬吧，我的学生们：为我们今生成为师生的际遇，为我们心头那轮共同托起的太阳，我们且歌且舞！

第四节　身心和谐是王道

——一次成功引导背书的案例

高中语文第三册有大量的古诗文背诵篇目，背诵默写落实起来颇为艰难，弄不好就是一场异常艰难的漫漫长征路，弄不好老师就很容易从传道授业解惑的职分沦落到陪读的地步，和学生打起消耗战，其结果往往就是两败俱伤。

如何让学生重视并且全部过关，老师也还不至于沦落到陪读和学生打消耗战的地步，真正让学生学有所得，背也心甘，我在引导背诵第一篇文章《六国论》时就费尽心思地做了一番策划，效果还很还不错的，全班在一天之内就全部完成了背诵任务。首战告捷，后面的背诵自然就会顺风又顺水，这令我颇有成就感，于是就把这次成功引导背书的经历整理记载下来，以供日后好借鉴回味。

首先强调文章价值。

唐宋散文园地里的奇葩。欧阳修赞之为"精辩雄伟"，以为"贾谊、刘向不能过"，明朝古文家茅坤认为可与《战国策》相伯仲。古代论说文的典范。大力渲染，直至学生眼前一亮。

接着指点背诵思路。

此招是谨防有些同学死记硬背，事倍功半。因是常规手段，且略谈。

随之展示自我风采。

当全班的面把文章背了一遍，显出很努力的样子，有些地方还让他们提示，让他们颇有成就感。背后曰：为师老矣，尚尽力为之，况青春你们乎？群情有些振奋。

继之施以温情伎俩。

这里用心最多，且详说，并用现场直播的方式。

第一天朝读课赶早就开始了我的演说：我今天特地起了个早，提前了十五分钟就赶到了教室，却感到了一种从未有过的失落。学生们都面面相觑，不知老师怎么了。我接着说道：我走遍了教室的每一个角落，居然没有抓到一位迟到的同学，这让我太失望了，太没有成就感了，并做了一个极度失望的夸张表情。学生们顿时笑开。明天检查背诵，如果可以，我希望再失望一次，最好是彻底地绝望：全班同学无一不过关，没有一个被我捉住。说实话，这样的绝望我还从来没有体验过，我真的真的好想有一回，就仰仗各位成全啦，老师这厢有礼了！一个郑重地抱拳，全班大笑。

第二天，我估计有同学还没引起重视，还没准备好。于是开始激将：我估计你们还没有办法让我失望，那我再给你们一次机会，我明天再检查背诵。一些同学明显表示失望，看得出他们是认真准备了的，也有个别学生露出欢喜的表情。于是我就语重心长：希望大家不要把背书看成是我的事情，是在帮老师我在背书。每个同学都要善于利用老师这点微薄的约束力，积极主动地督促自己认真背书。你可以把老师想象成魔鬼，但千万别把老师当成好欺侮的对象：不背书又能把我怎么样？！倘若这么想，那就无疑是在给自己的懒惰在找各种借口。欺侮父母的孩子最没出息的，同理可得，欺侮老师的学生也是最没本事的。你们要做的事是千方百计地树立起你们老师的威信，让你们老师活得有尊严，走出去有面子，这样你们才会有尊严有面子，是不是？很多学生都在点头，微笑地看着我，表示支持。

第三天朝读，我一走讲教室，就听得一片琅琅的读书声。心中窃喜，示意他们停下来，对他们说，我今天发现有一种东西很美。他们问是什么？我叫他们猜。他们猜了半天也没能猜出来。我就对他们说：你们奋力读书的样子很美！他们都笑开了。我接着说：如果有可能，我真想这样一直听下去，如此，老师就不用去做美容了，你们的读书声就是最好的美容品。鉴于你们今天读得这么认真，我们就不检查背诵了。下面一片哗然。但这是不可能的！又是一片哗然。

请大家拿出随堂作业本来，在默写的过程请保护好眼睛，不要弄成了斜视；密闭好嘴巴，不要走漏了风声；保护好知识产权，不要被人剽窃。遵守纪律，认真默写，这是我看守的底线，也是你们为人的底线。

默写完了交叉阅卷。提出批改要求：错一字、掉一字、添一字、倒一字均算一处错误，十处错误以上视为不合格。批改完毕，要求签上批改者大名，并大声报出满分同学的名字。有六人满分。于是我说：请你们站起来！是好汉的就站起来！

六个满分同学一个个红着脸低着头站了起来。

请大家向他们行注目礼，掌声鼓励！顿时下边掌声雷动。六个满分同学的脸上乐开了花。

也有十余位不过关的。宣布名单，让他们中午放学来找我。并强调，要你们找我，说明我们之间是人民内部矛盾，如果逃跑，则是把内部矛盾转化为了敌我矛盾。并表明自己不愿意和他们打持久战，希望他们中午辛苦一点，不要把老师变成一个简单的陪读者。

中午全部到齐。我仔细看他们的默写本，有许多是掉了一句话不过关的，对于这些同学我则好言相告，简单要求了几句，就放行，他们颇为惊讶。对默写中错字较多的同学，我则跟他们陈述了基础知识的重要性，然后让他们自己下去再默写一遍，言辞十分恳切，眼神绝对鼓励。真正没有背下来的，只有三位同学，于是要求他们留下来重新背诵，一次不行两次。背完了再与他们推心置腹：你们这不是背得好好的吗？为什么偏要老师留下来才能背呢？你知道老师是干什么的吗？是传道授业解惑的，不是陪你们读书的，要我这样陪你们读书我会觉得很没面子很没有成就感。都是重点班的学生，这又何苦呢？我这样做也是为了你们的语文学习，觉得你们完全有学好语文的潜质才这样费神地把你们留下来，理解到老师的用心没有？他们低下了头，表示下次再不这样了。

自此，《六国论》的背诵当天就干净利索地拉下了帷幕。

通过这次背诵，学生应该会明白两个很受用的道理：一是要善于利用老师的各种约束甚至是微薄的约束力来督促自己学习，切不可视为一种负担。二是学习是自己的事情，老师无论是"文治"还是"武功"说到底也都是为了他们的学习，是在暗中帮助他们。倘他们能明白，善莫大焉。我自己也悟了一个道理：作为教师，如果能把自己的要求温和地且充满期待地向学生表达出来的话，效果一定会比简单地训斥和所谓的严格要求要好得多。

总而言之一句话：学习过程中师生的身心和谐，才是教育发展的长远之道。

快哉，我的这一场背书战！

第五节　吟诗诵词满庭芳

——一次成功诗词朗诵会的案例

　　学了两个单元的古典诗词和两个单元的文言文，都是要求记诵的，在学习的过程中也教给了学生一些朗诵的方法，早就想举办一次诗文朗诵会了。一则想趁热打铁巩固一下学习的成果，二则想激发一下学生对古典文学的兴趣，调节一下他们枯燥的学习生活。蓄谋已久，终于打算在本周的一个晚自习进行。

　　先选定主持人。让学生们自己推荐，他们就在嬉笑推操中终于选定一男一女两个主持人。我就吩咐男主持人把竞赛程序和规则拟出来，他很干脆地答应并照办了，并且还很快地拟了几个活动名称让我帮他敲定，说是请班上一个作文写得好的同学帮忙拟的。嗯，不错，都学会合作了。赞许之余，我对他说，就定为"吟诗诵词"吧，有一种简明的美。他说"OK"，接着就满脸的欢喜，仿佛完成了一件大事。

　　距离比赛只有四五天了，我就问男主持人报名的人有多少了？他说，还只有三四个。这情况不够妙，不过也全在我意料中，因为我早就料到他们会比较冷落这事的——长久的单调的学习生活早就把他们的激情压抑了不少。我就在班上开始动员：一等奖 15 元，二等奖 10 元，三等奖 5 元，直接奖钱，当场兑现！下面就有动静了，只听得有学生说：好好好，可有钱吃加餐了。然后我还跟男主持人加压，说，活动开展得怎么样，就全看你的了。他说，没问题，我一个个去游说！

距离比赛只有两天了。一个女生来找我，说是要到办公室的电脑上去听《春江花月夜》的朗诵，这是读本上的一篇古诗，比较的长，没学过，只跟他们推荐过一次。她说她很喜欢这首诗并已经背下来了，但还想背得更有感情些。我暗想这是好事，便结合电脑上的朗诵悉心地跟她指点，她听得很用心，还一遍遍地跟着电脑认真地学读，比我跟他们教课文时读书认真多了。就这样读了一个中午。

离比赛只有一天了。我又问主持人报名的人数，他说九人。天，全班五十六个同学，这数字就只比零头多一点，有些犯晕，但也只能将就了。接着就嘱咐他到班上去摸个底，看有哪些同学会唱用古诗词做歌词的歌，到时候好穿插进去助点兴，说到底还是担心选手太少，怕比赛一下就完了显得冷清。同时吩咐女主持人根据参赛的内容把串台词赶紧写好。

一切准备就绪。到了比赛的这一天上午，男主持人把竞赛的程序和规则拿给我看，想请我把它打印出来后发给几个评委。我中午就赶急把它打印了出来，并交代主持人最好粘贴一份在教室里。等到下午我去上课时，发现粘贴的纸上有用笔画的一些着重线，这无疑是一些参赛的同学画的，看来他们还很慎重哦。

到了晚自习的时候，我还真怕活动没气氛，就赶紧跑到寝室里提了个录音机来，找了一盘古典音乐的曲子在教室里放，好制造点气氛。待我进教室时，就看见有两个同学在黑板上描字，是班上两个字写得比较好的同学，他们描的是活动名。再看其他同学，脸上都比平时多了些喜色。教室里有些吵，直到主持人走上台，都还没静下来。不待我招呼，就有同学主动喊开了：都静下来，都静下来，不讲了！果真就马上静了下来。评委们都自觉地到前排来就座，还真有那么点气氛了。再听两个主持人朗诵的串台词，嘿，写得还真是那么回事，比平常答卷上写的串台词要好得多了，看来知识还是要在实际应用中才有生气哦。

开始朗诵的两个同学竟然把诗歌的节奏都还没有把握好，只能说是把诗歌从头到尾背了一遍，我心中暗自叫苦，想，平素我所教给他们的一些知识原来就这么个结果？！大概还是平时锻炼得太少了。直到那个在办公室里听过朗读的女生上台，开始抑扬顿挫、有板有眼地朗诵时，我才舒了一口气。果真教室里就掌声大起，认为朗诵得很成功，当时就有个评委站起来说，建议跟她在感情节奏这一项打满分，因为她实在把握得太到位了。大家也都附和。看来专门训练过跟没专门训练过相比还真是不一样啊，难怪现在新课改一直在倡导成立各种兴趣小组，现在想来，也只有成立兴趣小组通过一些专门训练才能使学生真正学有所用、学有所得啊。

原以为她就是朗诵得最出人意料的了。可没想到，更出人意料的还在后头。接着就有个平素很不起眼的学生上了台，他朗诵了一首比较长的诗歌——李白的《将进酒》，我没以为他会背得完的，因为这是高三课本上的一首古体歌，比较长，学生们也还没有学过，再加上他平时学习又不是那么很认真，老师们甚至都是把他当差生来看待的。但他的确是很流畅地就把这首长诗背完了，虽然背的时候老是紧张得咳嗽，由此还惹得同学们一阵阵地笑，可在我看来这就已经是一个奇迹了。

后边的选手逐渐地胆大起来，有的上台后还先做一番诗词赏析后再开始朗诵。评委的点评也跟着逐渐精彩起来，他们好像也比平常都更能说，而且说得也很到位。朗诵了四五个同学之后，我就跟主持人建议可以穿插点歌曲了。他们表示同意，可没想到他们首先就请我上去唱。呵呵，这些鬼家伙们，手中稍微有点权力就赶紧对老师用啊。虽然这么想，但为了不扫大家的兴，我还是硬着头皮唱了几句，高音部分实在唱不上去了，就停了下来。这时有一个同学主动站起来说，我来帮老师唱吧。我乐得不行，赶紧让位。他唱得果然好，赢得了雷鸣般的掌声。因了我的参与，气氛顿时活跃了起来，不断有同学被推荐上去唱歌。

再接着开始朗诵时，一个女同学因为紧张，在同学们鼓了几遍掌后，她都还没能说出话来，我就建议她等会再朗诵。再上台的是个平时答问题都会紧张得说不清楚话的同学。只见他正步走上讲台，分别对着主持人、评委、听众敬礼后（因为动作板硬，下边还不断有窃笑声），他就开始了朗诵。他朗诵的是岳飞的《满江红》，朗诵的声音比平常答问题的声音大多了，而且吐词也很清楚（又是个奇迹）。朗诵的中途，他还不断地配以手势，激烈处，甚至还用手拍打讲台。因为紧张，他的朗诵虽然算不上自然流畅，可他的勇气还是激起了全班的掌声。当他满脸通红地走下讲台时，一个评委当时就站起来说要跟他给满分，认为他做得太有创意了，因为选手中还没有一个配有手势动作的。

那个非常紧张的女同学终于上了台，下边还有同学不断给她暗示叫她不要害怕。她在很犹豫了几次后，终于开了口。她朗诵的是一首词，但并不是在朗诵，而是飞快地背完的，背完后，脸通红。虽然如此，教室里还是响起了一大片掌声，因为大家都无一例外地感受到了身边的同学逐步战胜自我的过程。后来这个女同学为了弥补自己朗诵的遗憾，还和其他同学一起把这首词唱了一遍。说真的，我还真没见过这么紧张的同学，也还真没见过这么认真执着的同学。

最后是女主持人朗诵。这个学生曾经告诉我，她原来在初中时就经常在班上做主持。读高中后，由于这方面的活动组织得少了，我也就没能看出她这方面的才能，包括她很棒的朗诵。只见她开始朗诵了。手势、眼神、情感、节奏都把握得很到位，自然就激起了一些跟我一样没有意想到的同学的掌声。

朗诵会是在一曲《明月几时有》的歌唱中结束的。全班都在唱，我也在唱，唱完后大家都很兴奋，看得出来是发自心底的兴奋。我也很快活，觉得自己做了一件很有意义的事。我就问同学们："玩得高不高兴呀？"他们就齐声答道："高兴！"我就趁势引导道："就要这样的，除非不玩，一玩就要玩得高兴，玩得有品位些；语文天生就是玩的嘛！"他们都笑着表示赞同。

等到颁奖时，两个主持人就半开玩笑半认真地说："老师，就没跟我们准备点什么吗？"我想了一想，就将两本新买的杂志——一本《青年文摘》，一本《杂文选刊》——送给了他们，并顺带了一句：赠人书本，手有余香。同学们听见了都很快活地笑。我也冲他们乐乐地笑。那一刻，我们都觉出了一种从未有过的近。

在事后交来的周记本中，有个同学写道：徐徐老师，这次朗诵会真是太棒了！我觉得很有意思，我很开心。我很盼望您以后还能多多举办一些这样的活动。末了，还附上一个大大的笑脸。

嗯，会的，老师一定会的！我的学生们，只要你们高兴。你们看，就这么一次活动，一次小小的吟诗诵词活动，就让我们彼此有了这么多新的发现，有了这么多新的长进，最重要的是，还彼此长了亲热，这可是平时我对你们无数次说教、无数次讲授都难以达到的功效啊！这样有益于身心的事，老师我又何乐而不为呢，不仅要为，还要多为！

第六节　春风化雨大语文

——一次成功引导爱的案例

以前总认为学生对老师爱的表达，顺其自然即可，无须刻意去引导，老师只需在传道授业解惑上尽职尽责即可，刻意去要求学生表达对老师的爱，未免显得矫情。但，随着年事的渐长，阅历的渐多，尤其是经历一些生离死别的事情后，我渐渐觉得，以前的理解还是偏于肤浅，做法失于草率。现在的学生，大多是独生子女，三千宠爱集一身，早已习惯了别人对他们的呵护，以及爱的表达。他们对于别人，对于亲人，对于同学，对于老师等，尽管心中有爱，但也不见得会表达，甚至还羞于表达。这就需要引导。一则调查表明，一个人的成功源于智商的仅百分之二十，源于情商却占百分之八十。所以，引导学生学会表达对老师的爱，健全他们的心智，不仅不需要遮遮掩掩，反倒还需要郑重其事，有板有眼。

这不，前天是教师节，上午我有一节早习加两节课。早自习走过邻班教室时，只见他们的黑板写着一行大字："祝程老师节日快乐！"知是学生自觉，也有可能是班主任的引导，但不管怎样，这样做，总会让上课的老师觉得舒服，心里备感温馨，无形中会激发老师教学的热情。我抱着一丝希望走进我们班的教室，下意识地朝黑板望了望，却只见一片狼藉，上面还残留着昨天上晚自习的一些板书。学生们都已经到了教室，也都在认真读书，学习劲头没说的，但就是没有一个同学能在这个特殊节日表达他们对老师特殊的情意。我接手这个班才一个星期，又不是班主任，本来他们表不表达，对我也不会有多大影响。但我想，我既然是他们的老师，而且还是语文老师，就不能仅仅只管传道授业解惑，还应该在培养他们的健全人格、美好人性上尽自己的一些努力。现在一些老师总是抱怨学生尊师不够，这固然有大气候的原因，但也与我们老师自己的引导不够有关系。

想着想着，本班班主任就查班来了，她也是新上任的。我就跟她讲了我的想法。没想到她听后，就开始摇头，说，去年教师节，前任班主任就倡议这个班上的每个同学凑点份子，跟科任老师表示下心意。结果他们都没有做。其实又不是硬要争他们个什么，只是希望他们能小小地表示下心意就行了。现在，就看你能不能引导一下他们了。我说试试看吧。

等到快要下早自习时，我让他们都停了下来，跟他们讲了隔壁班的情况和我的一些感想。主要意思是希望他们能多做生活中的有心人和有情人，不要让自己成为一个冷漠的读书人。尤其要珍惜亲情、友情、师生情等。很多情分，都是有今生没来世的，不能淡然处之。做一个热心热肠的人，让自己投入到各种融洽美好的情意当中去，人才能活得有滋有味，才可能汲取尽可能多的正能量，让自己健康快乐地成长。今天是教师节，一个能让你们表达对老师情意的很特殊的日子，也许你们想到了，但又很羞于表达，或者不羞于表达，但就是不知道该如何表达。老师们其实并不期望你们在物质上有什么表达，只是希望你们能有一个好的巧妙的办法来表达对老师的情意，尤其是今天还在跟你们上课的几个老师的情意。爱，有时候，是需要表达的，适当地表达，会温暖彼此的心田，会增强一个集体的凝聚力。我不想跟你们具体点明一些什么办法，但相信聪明的你们自然会想出你们的办法来……说完，我就下课了。

等到上课铃声响，再次进教室时，我又下意识地朝黑板上看了看，黑板倒是干净了，但又太了无痕迹了——难道真的不可教化？且先不露声色，还是按部就班地开始上课吧。上课前，有个例行的三分钟讲演。讲演的同学例行地讲完了，请班长做点评。班长也例行地点评完了，我也例行地准备上课。但听得班长一声：同学们，请全体起立！顿时，全班唰地一下都站了起来。班长又说，同学们，让我们一起向徐徐老师致以节日的问候！只听得一片前所未有的整齐的祝福声响起：祝徐徐老师——教师节快乐！我暗自惊喜，谢过了他们，然后又继续引导他们：你们做得很好，的确是长大了！这次放假回去后，我还请大家继续做好几件小事：跟你们父母亲拉拉家常，帮他们做点力所能及的事；问候左右邻居好；关心一下以前同学的近况；如果有可能，还做点公益……他们听了若有所悟，然后，一整节课，我们都上得很默契，其乐融融的。课后我回到办公室，就听得同班有科任老师说：今天上课还破天荒地得到了学生们的祝福，有的学生还送上他们手头的水果，学生们今天怎么一下子变得这么乖了呀？我听了，心中暗喜。

教师节后的几天，去女儿所在的学校接女儿回来过中秋节。路过她们教学楼时，只见她们教学楼上拉着一条横幅，横幅上赫然写着：祝老师们节日快乐！起初我还以为是学校拉的，可当我走进一看，却发现上面有"高一（十）班"的字样，上面还有他们班全体同学密密麻麻的签名，大的小的，歪的正的，如春潮涌动，如百花开放，便知是这个班的集体行为，便知这个班的老师一定很幸福，便知这个班这个集体以后一定是个很会学语文、很会爱的集体。

第五章　让语文课有语文味

第一节　象外之意写风流

——《雨巷》教学设计

三维目标

知识与技能

1、在诵读中体会诗韵。

2、在想象中体会情感。

过程与方法

1、在反复朗读中去体悟诗歌的意象与情感。

2、用意象入文打造文章的美点和动情点。

情感态度与价值观

1、感受诗歌的语言美和情境美，培养学生的审美情趣。

2、感受"失落的忧伤"，珍惜当下的美好。

教学重点

在反复朗读中去体悟诗歌的意象与情感。

教学难点

"丁香姑娘""雨巷"等意象的寓意。

教学过程

一、情景导入

暮春的江南，悠长而寂寥的雨巷，迷蒙的细雨，颓圮的篱墙，长满青苔的青石板。有一位撑着油纸伞的丁香一般的姑娘在彳亍而行……这样美丽的情形，这样忧伤的画面，就出现在现代诗人戴望舒的《雨巷》中。今天，就让我们随他一起走进这悠长、悠长又寂寥的雨巷。

二、文本积累

1、作家作品

戴望舒，中国现代派象征主义诗人、翻译家。著有《我的记忆》《望舒草》《望舒诗稿》《灾难的岁月》等诗集。其诗兼有中国古典婉约诗词和法国象征诗派的韵味。"望舒"，是神话传说中为月亮驾车的女神，借指月亮。《雨巷》是作者22岁时的成名作。叶圣陶称它"替新诗的音节开了一个新的纪元"，并送给作者"雨巷诗人"的称号。

2、字词积累

彳亍：慢慢地走，走走停停。

颓圮：坍塌，破败。

太息：叹息。

三、反复诵读

"众里寻他千百度，蓦然回首，那人却在灯火阑珊处"，治学，需不断求索才会有顿悟的那一刻；读书也一样。书读百遍，其义自见。今天就让我们一起来反复朗读《雨巷》，体会一下它字里行间的情感美意。

1、初读

自由朗读这首诗，说说这首诗的感情基调是怎样的？试用诗中的词语来回答。

明确：凄婉哀怨。

那么，怎样才能读出这种凄婉哀怨呢？

明确：语速缓慢，语调低沉。

2、个读

请学生自我展示，师生点评。注意多多飘扬其读得好的一面，委婉风趣地指出其读得不足的一面，让学生能大胆地、尽情地展示。

3、范读

教师朗读。以第五节为例，提醒学生把握好语速、语调、轻重音，读好诗歌的节奏和韵脚，体会诗歌的音乐性、韵律感。

示例：

像 / 梦中 / 飘过

一枝 / 丁香的，

我身旁 / 飘过 / 这女郎；

她 / 静默地 / 远了，/ 远了，

到了 / 颓圮的 / 篱墙，

走尽 / 这雨巷。

4、美读

音乐性是诗歌的本质，诗歌天生就是合乐而歌的。

鼓励学生配乐朗诵，播放背景音乐《雨的印记》。

朗诵完后，无限赞美，比如说"梦一般的丁香姑娘就是你吗？""你让我仿佛看到了那个撑着油纸伞独自彷徨的少年""你的朗诵，是我们距美最近的时刻"等。

四、品读意境

1、这首诗的感情是凄婉忧伤的，那么，诗中的哪些意象足以让人感到这种忧伤呢?

（1）明确：

雨巷：悠长而寂寥的雨巷，古老而湿漉漉的青石板，雨的哀曲，颓圮的篱墙，怀旧的油纸伞。这样阴冷迷蒙、破败空寂的背景，足以给人一种冷漠、凄清、惆怅的心理感受。

我：独自彷徨，默默彳亍，冷漠、凄清又惆怅

姑娘：丁香一样的素淡、芬芳、愁怨，梦一般的凄婉迷茫、可遇不可求

（2）补充：

丁香：此花暮春时节开放，颜色淡紫或素白，花香清淡，花蕾如结。因此，"丁香"在古典诗词中一般是高洁、美丽与愁怨的象征。

2、描绘一下"我"和姑娘相遇一瞬间的情形和心理。

示例：她向我走近，走近。油纸伞，和我一样的；冷漠，和我一样的；太息一般的目光，也和我一样的。她是我的前世还是今生？我一下子就陷入了迷惘。只见姑娘她走近，走近，丁香一般地，散发着淡紫的隐约，冷香的惆怅，袅袅婷婷，像一片云，更像一团梦。我想伸手去将她遮挽，连同步子一起与她并进，回过头来，却只见了悠长的雨巷，颓圮的篱墙。而姑娘的油纸伞早已远在了天边，欹落得像一只巨大的蝴蝶；我忽然明白，我的踽踽而行，注定只能是这青石板上幽远的回音……

3、那么，诗歌又采用了哪些手法强化了这种忧伤呢?

明确：诗歌采用重叠和反复的手法强化了这种忧伤。如"在雨中哀怨，哀怨又彷徨""像我一样，像我一样地默默彳亍着""像梦一般的，像梦一般的凄婉迷茫"。而首尾两节，除"逢着""换""飘过"外，其他语句完全相同。诗歌有七节，每节的3、6两行都押 ang 韵。这样，诗句的重叠反复，韵脚的回环复沓，就构成声音和感情的回环往复，不仅增强了诗歌的音乐美，更强化了诗歌的抒情性。

4、揣摩词句

（1）将"她飘过，像梦一般的，像梦一般的凄婉迷茫"中的"飘"字能否改为"走"字？

明确：不能。因为"飘"字可以表现姑娘的飘忽朦胧，还能与后边的"梦"字相照应，表明这个姑娘是一种理想的存在。

（2）"在雨的哀曲里，消了她的颜色，散了她的芬芳，消散了，甚至她的太息般的眼光，丁香般的惆怅"能不能直接合并成"消散了她的颜色、芬芳、眼光和惆怅"呢？

明确：不能。这样一句一句地分开写，可以起到强调作用，强调美好的事物在眼前——消失时给人带来的那种幻灭感。

五、探究主旨

"诗无达诂"，诗歌就是"维纳斯的断臂"，它的美就在于它的多义性，就在于它让读者用自己丰富的想象力创造了无数"美丽的胳膊"。历来人们对这首诗中的"姑娘"就有着不同的理解，有人认为"姑娘"就是"我"，有人认为"姑娘"相当于我心中的理想，还有人认为，"姑娘"就是"姑娘"，没有其他意思。对此，你有什么看法？

参考分析：

1、理想说：执着追求但"道阻且长""宛在水中央"的理想。

2、佳人说：窈窕思服、期待已久的美丽、高洁而忧郁的姑娘。

3、自我说：理想中的"我"，未来的"我"，另一层面的"我"。

背景链接：

1、据说诗人曾经爱上了一个姑娘，可落花有意，流水无情，诗人心境因此痛苦。

2、1927年政治风云激荡，白色恐怖笼罩全国，诗人因找不到出路而苦闷彷徨。

六、拓展延伸

　　《雨巷》的魅力就在于用一些审美的意象比如"雨巷""丁香姑娘"等表现了文学上永恒的母题——失落的忧伤。大家也可尝试用一两个意象入文，来构思一篇记叙文，相信这会给你带来一种别开生面的惊喜。

附学生练笔：

一把糖，一天堂

胡程锦

秋风，枯草，幽径，独行。

每天往返在学校与家必经的路上，怀揣着一日复一日的担心。尽管他每天都穿着一双令他行动不便的宽大的军旅鞋，但我仍害怕他一个箭步冲上去，把我吓成他的同类。

今天不是个特殊的日子，拐角处却显得异常惹眼，那地方多了个人——花白的发丝，苍老的面庞，藏青的外衣——一个老奶奶在疯子的定居地——垃圾箱旁走来走去。

我着实吃了一惊，这多危险。

疯子起身了，我的心一提，不自觉地往旁边走。疯子走到老奶奶身旁呵呵一笑，手里提了一根木棍。天啦，我差点喊出声来。疯子又呵呵一笑，把棍子捅向了垃圾箱，在里面捣来捣去。只见他定睛，弯腰，手伸进去又拿出来后，手里就多了个矿泉水瓶。他又朝老奶奶呵呵一笑，随之把矿泉水瓶放进了老奶奶的麻袋里。

原来如此。我终于舒了一口气。

再一次经过拐角时是一个普通而特殊的日子。

老奶奶正缓缓地停下三轮车。下车没几步，一阵晚秋的冷风吹过，老奶奶吊脚楼般的裤腿晃晃悠悠的，摇摇欲坠；一根根白发像落尽绿叶的柳枝在风里摇荡着。

她朝疯子走去，缓慢的脚步似乎要将此刻凝住。

她招了招手，疯子就拖着大鞋走了过来，傻傻地看着老奶奶，乐呵呵地。老奶奶把手伸进口袋里摸索着什么，口袋薄薄的一层布不时凸起。终于，她掏出一把用红色亮纸包裹着的糖。疯子就像小孩一样地捧出双手，接过那把糖，乐呵呵地朝糖笑，又乐呵呵地朝老奶奶笑。

我依旧向前走，这时，我看见了一张熟睡的脸，一个两岁左右的孩子在三轮车里甜美地微闭着双眼，嘟着桃红的小嘴。

这是一种真正的亲近，一种纯净的亲近。

转过头，老奶奶晃着双腿走向三轮车。疯子突然跑向角落提了一个塑料袋赶来，这塑料袋里装满了矿泉水瓶。

阴沉的天空中，阳光从缝隙里溜出来些许，夹着秋的寒冷但并不让人觉得寒意。

一把糖，一天堂，糖纸最闪亮的光与秋日的阳光一起照亮了我心底柔软的角落：不分贵贱，没有高低，他们相互给予，互相温暖，越过人世间的艰难，让人看到了天堂。

【课堂构建】

1、知人论世：对诗意的理解注重此时、此地、此身，注重事物之间的联系性。

2、注重积累：积累字词，积累朗读技巧，积累意象、意境、诗歌的音乐性等知识。

3、以意逆志：比如揣摩"我"和姑娘相逢那一瞬间的情形和心理，比如揣摩"姑娘"的喻指。

4、吟咏诵读：从初读把握文意，到个读展现性情，再到范读指点迷津，最后到美读置身诗境，读得饱满，读得动情。

5、课堂生趣：教师的课堂语言丰富多彩，循循善诱，激励性话语时常可见，师生呼应和谐。

6、生成饱满：学生学会用意象入文来创设全篇美点、动情点的写法，课后练笔很精彩。

第二节　王者云端俯众生

——《项羽之死》教学设计

三维目标

知识与能力

1、欣赏与评价人物形象。

2、理解人物精神。

过程与方法

1、借助言行、神态描写，感知人物性格。

2、在合作探究中品评项羽的性格特点。

3、掌握塑造、鉴赏人物形象的方法。

情感态度与价值观

感受项羽悲剧的崇高美，探究人物生死选择所折射出的生命价值的不同。

教学重点

人物形象的分析与鉴赏。

教学难点

探究项羽性格的多面性。

教学过程

一、复习导入

引导学生复习《鸿门宴》中项羽所表现出来的性格特点。教师小结并指出：鸿门宴是项羽由盛而衰的转折点。一场鸿门宴暴露了项羽性格上的一些致命弱点。但尽管如此，太史公仍将项羽归入了帝王"本纪"，可见太史公对他的钦佩。那么，太史公究竟钦佩项羽的什么？读完《项羽之死》后，我们或许就能找到答案了。

二、朗诵全文

《项羽之死》记述项羽一生的最后阶段，表现他无可奈何的失败和悲壮的死亡，是《项羽本纪》中最具悲剧性的一幕。下面，就由老师先来朗诵全文，同学们陪伴项羽一起，经历他人生中惊心动魄的最后历程。

三、研读文本

（一）叹项羽之死

1、刚才，大家随项羽一起经历了他的垓下之围、东城快战、乌江自刎等一段生命历程，一路行来，可谓步步惊心。尤其是第一部分中有一个非常凄美的情节叫"霸王别姬"，经常被搬上荧屏舞台，受到无数观众的喜爱。其中，情节的哪些地方最打动你？试分析一下。

师生讨论明确：

（1）《垓下歌》

从《垓下歌》中可以看出，项羽在面对四面楚歌的绝境、感叹时运不济的同时，仍不忘他的爱马，眷恋着他的虞姬，让人感受到他的侠骨柔情。

让学生试着如项羽般"歌数阕"，体会其悲壮哀婉的变徵之音。

（2）泣

一个"泣"字，写尽了项羽深深的惭愧和忏悔，写尽了个体在命运面前的无可奈何，更写尽了一代霸王连自己心爱的女人都无法保护的那种深悲剧痛。"左右皆泣，莫能仰视"，这里的"泣"字，则写尽了将士们对项羽的怜惜，他们不忍心看项羽哭泣，更不忍心面对项羽的末路处境。"泣"比"嚎"比"哭"更令人伤感，是一种无声胜有声的隐忍，这种隐忍让人更能想见哭泣者内心汹涌的感情波涛。一个普通男人保护不了自己的妻子，尚且揪心，更何况是一个有着拔山之力、曾经让人人震恐的霸王呢？这样无能、无力、无助的处境让他情何以堪！一代霸王的末路之悲由一"泣"字尽现矣！

2、结合全文看，项羽的人生是如何步步失守的？

师生讨论明确，多媒体显示：

虞 姬	爱情之悲	爱人不保
田 父	民情之悲	民心不保
28 骑	战情之悲	江山不保
亭 长	乡情之悲	故土不保
吕马童	友情之悲	朋友不保

教师小结：

一代霸王，方其盛时，裂土封侯，不可一世；及其衰也，诸多不保，甚至死后连尸体都被故人吕马童等人分尸请赏，此番悲剧着实让人大悲大痛！

（二）析性格之悲

1、面对如此命运，项羽是怎么认为的？从哪些话可以看出？你觉得呢？

师生讨论明确：

"此天亡我，非战之罪也"，灭亡就在眼前，项羽仍旧没有客观分析自己用兵的过失——刚愎自用，寡谋轻信，优柔寡断，自高自大等，却一味地归咎于天命，对自己作战能力充满了自信，以致到了自负的程度，企图通过"东城快战"来再次证明自己的勇猛无敌，来做落幕之前的完美演出，这只会更加暴露他的匹夫之勇，个人英雄主义。

2、"东城快战"是项羽最后一次以少胜多的战斗——二十八骑对数千骑，这次战斗带给你怎样的感受？

师生讨论明确：

（1）惊叹

惊叹他的霸气：身陷重围，临危不乱，指挥若定。二十八骑仍能从容排兵布阵，威吓敌军。而在巨鹿之战中，项羽就曾破釜沉舟，以少胜多，大败秦军，一举成就西楚霸王的威名。

惊叹他的勇猛：第一次行动中，项王"大呼""驰下"，就让敌军溃不成军，一个"遂"字，表明他退敌的轻而易举。第二次行动中，项羽只用眼神和声音就吓退了敌军。第三次行动中，项羽杀汉数十百人，而楚军只损失两人而已。通过这样逐一对比，就突出了身处绝境中的项王的骁勇善战。

（2）惋惜

"何如"二字，道尽得意，道尽自负，道不尽的是项羽不知自省的可悲！太史公对其非常惋惜，说像他这样的豪杰，不知几世才出一个，但却执迷不悟，只自负于自己的武功，结果断送了帝王的基业，着实让人大撼大惜！在项羽看来，死并不可怕，英名受辱，承认自己失败，那才叫真可怕。所以他就是死也要死个痛痛快快，死也要死在胜利之中，从这个意义上来说，项羽是个悲剧英雄，更是个本色英雄。

（三）仰项羽之壮

如此多的人生悲凉着实让人感慨悲怜，但欣赏英雄悲剧往往是这样一个心理旅程：大悲大痛——大撼大惜——大快大慰——大钦大敬——

大作大为，悲剧带给我们的不应只是悲凉，更应该是大震撼，大快慰。

1、乌江边，项羽本可以逃生，却毅然赴死，让人震撼；如果换作刘邦，大家想他会怎么做？

多媒体显示：

汉王道逢得孝惠、鲁元，乃载行。楚骑追汉王，汉王急，推堕孝惠、鲁元车下。滕公常下车收载之，如是者三。

师生讨论明确：

一个为了权势连子女都可抛下的人，一定是一个没有底线的人；这样的人面对生死，肯定也会不择手段地活下去。

2、其实项羽也想活命，要不然他不会"乃欲东渡乌江"。但他觉得，他生命中有比生命更重要的东西，这些构成他的底线。大家想想，是哪些更重要的东西使得他拒渡的？

男女生分别读项羽、亭长的话，体会这一番慷慨羽声，体会项羽的内心世界。

师生讨论明确：

项羽知耻重义。他的"笑"，是一种蔑视死亡、镇定安详的笑。他心疼子弟，觉得自己有愧父老乡亲。在江山、生命与高贵、尊严间，他选择了高贵，选择了尊严。朱光潜先生说：悲剧正是通过描写悲剧英雄在面临毁灭的情况下，仍能保持自己的活力与尊严，向我们揭示出"人"的价值，这便是悲剧的崇高美。

3、你觉得项羽被打败了吗？

师生讨论明确：

赠马亭长：心地仁善。

赐头故人："赐头"行为是对故人吕马童逐利行为最大的鄙视，表现出项羽的知情重义，豪迈潇洒。

项羽是一个失败的政客，却是一个真正的王者。他站在云端，俯瞰众生。他的高贵与尊严是长在骨头里融进血液中的，谁也征服不了。这样舒展的生命，这样壮美的人生，不能不让人大快大慰，大钦大敬。

有人说，项羽是因英雄而失败，刘邦是因成功而英雄。

易中天说，项羽的死是高贵的，他的死具有无与伦比的人格魅力和审美价值。也有人说，"项羽们"用生命完美了国人心中的道德律，填补了因失败而空虚的情感寄托，满足了集体性对生命的冷漠和对道德宗教般的狂热。

四、拓展延伸

1、司马迁为何如此看重项羽，以至于将其传记置于"本纪"行列之中呢？

师生讨论明确：

司马迁既重视生命的存在，更重视生死的意义。主张生则顽强，能屈能忍，发愤作为；死则壮烈，死得其所，视死如归。"古者富贵而名摩灭，不可胜数，唯倜傥非常之人称焉"，项羽如此，司马迁又何尝不是如此呢？面对老对手的死，《项羽本纪》的结尾写到，"汉王为发丧，泣之而去"，而我们只想说一声："项王，一路走好……"

2、历史上众家对于项羽都有评价，大家讨论，看看这些诗人分别是从哪个角度去评论这一历史事件的。

多媒体显示：

夏日绝句

李清照

生当作人杰，死亦为鬼雄。至今思项羽，不肯过江东。

乌江亭

王安石

百战疲劳壮士哀，中原一败势难回。江东子弟今虽在，肯为君王卷土来？

题乌江亭

杜牧

胜败兵家事不期，包羞忍辱是男儿。江东子弟多才俊，卷土重来未可知。

人民解放军占领南京

毛泽东

钟山风雨起苍黄，百万雄师过大江。虎踞龙盘今胜昔，天翻地覆慨而慷。

宜将剩勇追穷寇，不可沽名学霸王。天若有情天亦老，人间正道是沧桑。

师生讨论明确：

李清照：做人要有气节。王安石：得道者多助，失道者寡助。毛泽东：要勇追敌寇，不可放虎归山。杜牧：要能屈能伸。

五、板书小结

叹项羽之死：四面楚歌　　情何以堪　　（大悲大痛）
析项羽之悲：极端自负　　匹夫之勇　　（大憾大惜）
仰项羽之壮：知耻重义　　高贵尊严　　（大快大慰）
失败的政客　　　　　　　　　　　　真正的王者

附学生练笔：

刀剑如梦

杜彩月

公元前209年，乌江，自古迄今，乌江一直静悄悄地流淌，不曾为谁咆哮，不曾为谁静止。此刻，瞬间，恍若凝固……乌江畔，项羽手持宝剑，威风凛凛。

虞姬：春意盎然，鸟语花香，只可惜，我孤身一人辜负了这般好的良辰美景，若能偶遇一位志趣相投的翩翩佳公子，与之把酒赏景，可真是一大乐事。

漫步缓缓走来，突然间，看见了项羽，心动。

虞姬：敢问将军……（欲言又止）

项羽：（惊讶、心动）姑娘有什么事吗？

虞姬：（害羞遮面）嗯——（羞涩一笑，转身离去）

项羽：姑娘——

虞姬回到家中，走进房间坐下。

虞姬：不知我刚才是否有失分寸，（捂脸）真是羞死了，脸肯定都红得熟透了，哎呀——不过看那位将军豪气冲天，一副凌云壮志的模样，定能闯出一番天地，若此生能嫁此良婿，便也无悔了。

项羽回到营帐中。

项羽：（笑，询问一兵卒）刚才那个女子是哪家的姑娘？

兵卒：那是当地有名的美人，叫做虞姬。

项羽：原来那女子就是虞姬，想我项羽，征战沙场数年，天赐一身豪气，地造一身肝胆，得此美人，着实令人心驰神往。

四下皆觉诧异。虞姬下。

这一年，陈胜吴广在大泽乡起义，秦朝将亡，刘邦暗杀了沛县县令，带着两三千人将要出兵反秦。

刘邦盘腿坐在草席上。

吕雉：（奉茶而上）此次出门会有多久？

刘邦：（接茶）短则数月，长则数年。

吕雉：（席地而坐）如今天下战乱频频，孩子和我你都不管了吗？

刘邦：（起身，面露愠色）大丈夫当志在四方，而不是蜷居于此碌碌无为一生。

吕雉：（起身）若哪日你飞黄腾达，可还会记得我吕雉？

刘邦怒，拂袖离去。

吕雉、刘邦下。

这之后，刘邦抛下妻儿独自外出，带着三千将士成就了他的千秋霸业，逐渐地，与当时拥有最大势力的项羽形成了楚汉之争，战乱一触即发。而此时此刻的虞姬和项羽，仍如多年前一般和睦相处，相亲相爱，两人一路走过了风雨，走过了硝烟。

公元前202年，项羽因一系列的过失，陷入了低谷，身边的谋臣智士一个个离他而去。此时，刘邦的大将韩信在垓下将项羽重重包围住，项羽走投无路……

项羽端起酒杯，一口饮尽。

四周响起楚歌：大风起兮云飞扬，威加海内兮归故乡，安得猛士兮守四方……

项羽：（抬头，眼泪纵横）楚皆已归汉乎？奈何楚人如此之多也？

周围侍女齐哭，虞姬上前奉酒，伸手拭去项羽眼泪。

项羽：（又饮酒）想我项羽啊，力拔山兮气盖世，孰知时不利兮骓不逝，骓不逝兮可奈何，虞兮虞兮奈若何……

项羽伸手抚虞姬脸。

虞姬：（低头，擦去自己脸上的泪水）自从我跟随大王东征西战，大王为保护我付出了太多心力，大丈夫之心力，当用在沙场上，岂是我一介女子所能浪费的，我确实为大王带来了不少麻烦。

说罢虞姬又擦泪，项羽搂住虞姬。

虞姬：大王，兵家胜负，乃是常情，何足挂意。大王身体乏了，不如歇息片刻？

项羽点头，虞姬搀扶项羽到床边躺下，独自一人走到帐外。

虞姬：这荒郊野外，碧落月色清明，云敛晴空，冰轮乍涌，这一派清秋光景是如此美丽，只可惜……唉……

众兵卒：这月色虽好，只是这四野皆是楚歌之声，令人悲伤啊！

虞姬黯然，眼泪又流了下来。

回到帐中，项羽起身，突闻乌骓悲戚叫声。

项羽：这是我的乌骓的叫声，来人！

兵卒：在！

项羽：去将我的乌骓牵来。

两兵卒牵乌骓上，项羽伸手摸乌骓的鬃毛。

项羽：乌骓呀乌骓，你跟随我数年，东征西讨，百战百胜，今日被困垓下，看来你也是意识到自己再无用武之地，知自己大势已去，才咆哮声嘶啊！

虞姬强做笑容，奉酒给项羽

虞姬：（握住项羽手）大王，刘邦的军队会打进来吗？

项羽：（掩饰伤心）别怕，有我在呢，等这最后一战结束，我们找一个与世隔绝的地方，再也不理会这些杀戮战争。

虞姬：（拭泪）真的会有这一天吗？可是……

项羽：（紧紧抓住虞姬肩膀）相信我，我一定会给你一个太平盛世，陪你共享人世繁华，如果输了……我也宁肯舍弃江山，换你一世平安幸福（停顿）（手扶额）我累了。

虞姬：大王，这四面传来的楚歌之声听了叫人心烦意乱，不如臣妾替大王跳一支舞吧。

多日的劳累，项羽渐渐睡着了。

虞姬：（边舞边唱）你曾说啊，三生石畔，风月琳琅，而最终，妆台镜前，泪拆两行；你曾说啊，千山暮雪，水戏鸳鸯，而最终，乌篷摇梦，轻奏离殇；你曾说啊，繁华堤上，共赏春光，而最终，天涯相忘，梨花雨凉；你曾说啊，苍山映水，晚落芬芳，而最终，韶华若梦，柳碎花殇。唉，大王啊，汉兵已略地，四面楚歌声。君王意气尽，贱妾何聊生。

虞姬突然抽出项羽的佩剑，剑与鞘碰撞的声音惊醒了项羽。

项羽：（跌撞着起身，想要阻止虞姬）虞姬……你这是要干什么……快放下！

项羽跟跟跄跄逼近虞姬，虞姬步步后退将剑架在脖子上，含笑望着项羽，手中的剑猛一用力，缓缓闭上眼，慢慢倒下。

项羽：（咆哮）不要……不要……

项羽冲过去，抱住虞姬。

虞姬：（微弱气息）大王……保重，臣妾……先去了……

项羽：（抱住虞姬，怒吼）虞姬虞姬……（项羽哭）

项羽：（低吟）是我错了，我不该让你和我一起颠沛流离，你等着我，我一定让那反贼刘邦付出代价，今日不是他死便是我亡，我项羽这辈子决不能负了你。

此刻，刘邦帐中。

兵卒：（急急忙忙冲向前）启禀大王，项营传来消息，虞姬……虞姬自刎了。

刘邦：（直起身子，惊讶）什么？那这下怎么办？

吕雉：（泰然自若）慌什么慌，死了更好。

刘邦不满，瞪向吕雉。

吕雉：（搁下茶杯）如今虞姬已死，项羽再也无心反抗了，直接杀了他吧。

刘邦：你怎么知道他不会反抗，为一个女人就抛弃了江山。

吕雉：（鄙夷地望向刘邦，冷嘲热讽）你当真是以为这天底下的男人都和你刘邦一样无情？

刘邦怒，不再理会吕雉。

张良走入帐营，兵卒均作揖，张良向刘邦作揖。

张良：项羽如今兵少粮尽，我军胜利指日可待，大王您看，是不是趁现在将他一举歼灭。

刘邦不语，微微点头。

张良：（尽显其风度和威严，向一兵卒）好，通知各位将军，立马行动。

兵卒：（鞠躬）是！

刘邦：（笑，独语）项羽啊项羽，纵使你英雄盖世，不将我放在眼里，到最后还不是葬送在我手中！

垓下楚军军营。

项羽抱着虞姬，头埋在虞姬的头发里，一兵卒飞奔而入。

兵卒：（面忧）报——大王，四面八方都有汉兵涌来，我军似乎被几倍人数的敌军包围。而且……

项羽：（面色僵硬）而且什么？

兵卒：而且我军好几百将士都投靠敌军了，军心涣散，众将士都有归乡厌战情绪。

项羽：（大惊）我视将士如同己出，与大家无数次出生入死，为什么还会有人背叛我？

项羽顿一下，回头。

项羽：（轻轻放下虞姬）吩咐下去，好好安葬虞姬，然后集齐剩下的将士，我们今晚突围出去。

兵卒：是。

一路的劳累奔波，汉军追杀，项羽身后的将士越来越少，天渐渐亮了，项羽又回到了七年前与虞姬相识的地方 --- 乌江，可是一切都物是人非了……

船长：（急急忙忙）大王，快点上来，汉军就要追来了！

项羽：（苦笑）当年我项羽带领八千江东子弟起兵反秦，如今还剩

154

我一人，落得如此狼狈下场，我还有什么脸面去见江东父老呢？

　　船长：（欲拉项羽）大王啊，留得青山在，不怕没柴烧啊！

　　汉军陆续涌来，项羽举剑，机械性地挥舞着，汉军一个接一个倒下。

　　汉军越来越多，项羽被包围。

　　项羽：（满脸鲜血，眼泪纵横）是上天要灭亡我啊！

　　项羽此刻身上的衣服沾满了鲜血，头发凌乱，双眼布满血丝，身上多处受伤，他单膝跪地，用宝剑勉强支撑着他疲惫的身体。

　　项羽：（低声）陈平何在？我听说那反贼刘邦用重金悬赏我的头，从前你是我手下的人，我送你个人情吧。

　　项羽：（抬头，看了看即将落下的夕阳，黯然神伤）想我项羽啊，攻无不克，战无不胜，一生辉煌无数，如今却像这将落的夕阳，要陷入永久的黑暗了，有凌云壮志又能如何？我项羽一代霸主焉惧失败？只是少了她，赢了天下又有何用呢？虞姬，等我，我马上就来陪你……（举剑自刎。）

　　此时此刻，项羽眼前又浮现了他与虞姬初见的场面。

　　公元前202年，西楚霸王于乌江自刎，昔日沛县的泗水亭长一统天下，改朝换代，其妻吕雉入主中宫，一人之下万人之上，一段楚汉传奇终于完美落幕。项羽与虞姬这一段倾城绝恋也消散在历史的云烟里……

　　人世一回，如梦一场，刀光剑影，鼓角铮鸣，皇室虚位，大好河山，得到了又能如何？最终都只是一抔黄土，再怎么辉煌的人生，都逃不过盛大的开幕、零落的收场这一悲惨结局。漫漫红尘，不知断送了多少如花美眷似水流年，如今都只剩得断井颓垣。凡间之事，美中不足，好事多磨，乐极悲生，人非物换，到头一梦，万境归空。浮生若梦，更何况是像他项羽那样戏剧性的人生，梦里，鸾凤同飞，天下在手；梦外，国破了，人亡了，故事，结束了……

【课堂构建】

1、新旧联系：由学过的课文《鸿门宴》导入，让学生更全面更立体地了解人物形象。

2、板块构建：围绕"叹项羽之死""析项羽之悲""仰项羽之壮"品析课文，纲张目举，四两拨千斤。

3、因声求气：比如，让学生试着如项羽般"歌数阕"，体会其悲壮哀婉的变徵之音。

4、披文入情：尤其是"东城快战"中，让学生反复品读项羽的动作、神态、语言，体会他的勇猛自负。

5、思辨训练：引导学生体会项羽既既是一个失败的政客，也是一个高贵的王者；既是一个本色英雄，也是一个悲剧英雄。

6、人文价值：通过本文的学习，让学生进一步体会到悲剧所产生的崇高美。有学生因此触动，课后出现了一些以项羽为题材的创作，比如杜彩月同学的课本剧《刀剑如梦》。

第三节　风神潇洒热心肠

——《记梁任公先生的一次演讲》教学设计

三维目标

知识与技能

1、学习给课文做旁注。

2、学会用细节描写和侧面烘托凸显人物个性。

3、学习梁任公先生的演讲技巧。

4、将品文与品人落到实处。

过程与方法

让学生在自主、合作、探究的过程中获得新知，提高能力。

情感态度与价值观

体察梁任公先生的真性情与爱国情怀，感知他伟大的人格魅力。

教学重点

1、准确地把握梁任公先生的形象和性格特征。

2、学会做旁注，学会通过细节描写和侧面烘托凸显人物个性的手法。

教学难点

适当补充课外资料，如《箜篌引》《桃花扇》和《闻官军收河南河北》的相关材料，激发学生想象，让学生理解梁任公先生忧国忧民的爱国情怀。

教学过程

一、导入新课

1922 年的一个风和日丽的下午，清华大学高等科楼的大教堂里，坐满翘首以待的听众。梁启超也就是梁任公先生出场了，只见他左右顾盼，光芒四射。他要给清华学子做一场题为"中国韵文里头所表现的情感"的演讲。梁实秋当年作为众多学子中的一员，听后很感动。多年后，忆起梁任公先生的音容笑貌，仍然感慨良多，遂笔而记之。

二、指导预习

通读全文

1、做好"五标记"：段落序号、生字词、精彩句、疑难句、思路句。

2、借助相关资料，做好"两解决"：解决"梁实秋""梁启超""韵文"等文学文化常识，解决生字词。

3、做好"两思考"：读后思考本文借"记梁任公先生的一次演讲"是为了着重表现什么？思考本文作为"一次演讲"，可怎样划分思路？

三、整体感知

1、本文借"记梁任公先生的一次演讲"是为了着重表现什么？

明确：是为了着重表现梁任公先生的一些特点，所以本文看似记事实则写人；也是为了表现作者对老师的崇敬之情，直接表现的词句有"先生""景仰""感动""有学问，有文采，有热心肠的学者，求之当世能有几人？"等。

2、本文作为"一次演讲"，可怎样划分思路？

明确：据演讲前、演讲中、演讲后的逻辑顺序可分为三部分。具体为：（1）演讲背景、（2—9）演讲情况、（10）演讲评价。

四、具体研读

1、第一段没有直接写"演讲",却在介绍演讲人物,这与"演讲"有什么关系?

明确:用梁任公先生不凡的政治业绩、精深的学术造诣以及对其他人演讲印象不深等来侧面烘托先生本次演讲的不同凡响,值得期待,为下边的演讲创设了背景,做下了铺垫。值得注意的是,作者之所以侧重写梁任公先生的学术造诣,一是因为作者本身的学者身份,二是因为梁任公先生的学术造诣往往为他的政治声名所掩,值得为之专文彰显。

2、结尾段对先生的评价中,哪个评价会让你困惑?

明确:热心肠。那么,我们就一起来借助先生的这次演讲来解答这个困惑吧。

3、请围绕"每段分别表现了先生怎样的特点?是如何表现出来的?"这两个问题,圈点批注二至九段。

教师示例第二段的圈点批注:

特点:治学严谨。

表现:细节描写——预先写好讲演稿、整整齐齐地写在宣纸上、书法很是秀丽。

接下来分七个小组分别讨论三至九段,小组成员之间分工协作,朗诵的、讲解的、点评的、表演的都各司其职。

4、研读第三段

明确:

特点:风神潇洒

表现:白描外貌——从"形"的"短小精悍"到"神"的"光芒四射"。

5、研读第四段

①明确：

特点：谦逊自负。

表现：动作描写——"扫""翻""点"，语言描写——"启超没有什么学问——""可是也有一点喽！"，语调描写——"他的声音沉着而有力，有时又是洪亮而激昂"。

②表演：请学生上台即兴表演梁任公先生的开场白

6、研读第五、六两段

①明确：

特点：演讲生动。

表现：正面描写——"活画出一处悲剧"，侧面烘托——"哀从中来"。

②思考：先生为何将《箜篌引》解读得如此生动感人？

明确：《箜篌引》中讲一狂夫，披发提壶，涉河而过，被水冲走。其妻紧追阻止不及，悲痛欲绝，遂对江弹箜篌，一曲终，投河而死。此"狂夫"可说就是一些为践行理想而"知其不可而为之"的志士们。戊戌变法六君子就是这样：他们明知变法会流血，会牺牲，却依然殒身不恤、蹈死不顾，与诗中"狂夫"的赴死是相似的。梁任公先生演讲到《箜篌引》时，内心的触动可想而知，所以才演讲得如此声情并茂。先生还将自己的书斋取名为"饮冰室"，笔名为"饮冰室主人"。"饮冰"，出自《庄子·人间世》："今吾朝受命而夕饮冰，我其内热与？"先生用此笔名，可见其炽热的忧国忧民心。

7、研读第七段

明确：

特点：博闻强记。

表现：正面表现——"随时引证许多作品""成本大套地背诵"，

160

侧面烘托——"屏息以待""跟着他欢喜"。

8、研读第八段

①明确：

特点：演讲动情。

表现：动作描写——"手之舞之足之蹈之，有时掩面，有时顿足，有时狂笑，有时太息"，神情描写——"涕泗交流""张口大笑"。

②思考：先生为何一会"涕泗交流"，一会又"张口大笑"？

明确：《桃花扇》是"借离合之情，写兴亡之感"的作品。崇祯皇帝是一位励精图治的君主，只可惜当时明朝大势已去，积重难返，江山易主，崇祯皇帝也只得自缢而死。光绪帝也是一位很想有所作为的皇帝，多年期变法以图强，可变法失败，自己也遭囚禁。梁启超就如同左良玉，几十年忧国如病，却未能实现理想。这位一辈子都在探求中国富强之路的"行者"，演讲到这一段时，心中的剧痛翻滚，自然就"痛哭流涕而不能自己"。总之，左良玉哭的是崇祯的死，悲的是大明王朝的灭亡。任公先生哭的是光绪帝，悲的是国家和民族的衰亡。《闻官军收河南河北》为杜甫平生第一快诗。杜甫在安史之乱中为国家而忧，为百姓而忧。长达八年的战乱结束，久久压抑在杜甫心头的阴霾终于云散，他自然喜极而泣。任公处于19世纪末20世纪初中国军阀混战最为动荡的时代，杜甫的喜与忧他感同身受，他和杜甫一样是忧国忧民的，他希望国家安定、富强。所以从任公的哭与笑中，我们可以看出他的爱国情怀。

9、研读第九段

明确：

特点：演讲动人。

表现：先生每次讲过"大汗淋漓，状极愉快"；听众听时很感动，听后对中国文学发生了强烈的爱好。

五、总结拓展

1、根据上边的研读体悟，大家再来分析一下"热心肠"的内涵。

明确："热心肠"应该是指先生是一位真性真情、热心热肠的人。他忧国忧民。且不说他的"公车上书""戊戌变法""云南起义"等事迹，即使他晚年不谈政治，也是将"政治"长在了他的"学术"里。他治学严谨，演讲投入。他只要是做事，就很认真，就有一副"热心肠"。

2、总结一下梁任公先生的形象特点和作者刻画形象所用的方法。

明确：梁任公是一位风神潇洒、治学严谨、谦逊自负、博闻强记、有学问有文采有热心肠的学者。作者采用外貌、语言、动作、神态等正面描写和听众所受影响的侧面烘托来刻画先生形象。

3、文章结尾说"求之当世能有几人？"，请大家再举出一位来。

明确：梁实秋。他亦是一位"有学问，有文采，有热心肠的学者"，他是中国著名的散文家、文学评论家、翻译家。他曾有四大遗憾：一是有太多的书没有读，二是与许多鸿儒没有深交，三是亏欠那些帮助过他的人的情谊，四是陆放翁的"但悲不见九州同"，他也有同感。

4、现场练笔：写开场白，介绍自己。

在许多公众场合发言或演讲时，一般需要做自我介绍。请模拟演讲的场合，用100字左右，对自己进行描绘，把自己介绍给别人，让观众关注你，愿意听你的演讲，看看谁介绍得有文采有特点。

提示：向观众介绍自己，重点不在自己的外貌上，因为这个观众看得见；需要介绍的是自己的行为修养、学识等，不一定要面面俱到，只要选择与本次演讲有关的内容即可。关键是要抓住特征，让观众感兴趣，有印象。活动展示时可以由学生演讲，其他学生进行评判。

5、推荐阅读：梁实秋的《雅舍小品》。

六、诵读结束

就让我们也怀着"热心肠"，一起来朗读先生《少年中国说》中的精彩语段，从而来结束我们今天的学习吧：

少年智则国智，少年富则国富，少年强则国强，少年独立则国独立，少年自由则国自由，少年进步则国进步，少年胜于欧洲，则国胜于欧洲，少年雄于地球，则国雄于地球。

美哉，我少年中国，与天不老！壮哉，我中国少年，与国无疆！

【课堂构建】

1、预习得法：指导学生预习时做好"五标记""两解""两想"等工作，让学生预习得法。

2、尊重初感：文本读完后，首先让学生交流读文的感受，尤其是疑难所在，然后让学生在进一步地学习中慢慢释疑解惑。

3、贴住文本：课堂扎扎实实贴着文本推进，设计的问题只是帮助学生从不同的角度切入文本，几乎没有采用什么多媒体，也没有做更多的拓展补充，旨在让学生把文本读好品透。

4、培养习惯：教会学生做旁注，让学生懂得"不动笔墨不读书"的道理。

5、书声贯之：整堂课"读"以至上——有阅读，有品读，有演读，有评读，有诵读——切切实实让学生用情感去触摸文本。

6、自然迁移：由梁任公的"有学问，有文采，有热心肠"引领学生想到作者亦如此，由梁任公精彩的开场白来引领学生学写开场白。

第四节　全面发展大格局

——《张衡传》教学设计

三维目标

知识与能力

1、了解张衡、范晔及《后汉书》。

2、掌握文中丰富的文化常识。

3、学习传记剪裁和组织材料的方法。

过程与方法

1、以郭沫若对张衡的评价——"全面发展的人"为切入点。

2、引导学生根据文本的说明大胆绘制候风地动仪的构造图。

情感态度与价值观

1、培养学生的科学精神和科学意识。

2、引导学生做一个全面均衡发展的人。

教学重难点

1、积累重点实词、虚词、文化常识、文言句式等。

2、分析评价张衡的品德和精神。教学过程。

教学过程

一、导入新课

他是科学家，浑天地动，构造机巧；

他是文学家，二京大赋，洋洋洒洒；

他是书画家，东汉四家，中有其名；

他是数学家，圆周率说，名列第一；

他是政治家，收禽奸党，理政清明；

······

他可谓天文地理，无所不精；人情事理，无所不通。

他便是东汉时的张衡——这个站在时代文明巅峰上的通才、奇才，南朝史学家范晔用一篇精彩的传记——《张衡传》还原了他的风貌。

二、指导预习

结合课下注解、相关资料、古汉语字典等，逐字逐句疏通文义。做到读准字音，包括生字、多音字、通假字、异读字等；做好批注，包括重难点字、通假字、古今异义、词类活用、固定词组、文化常识、特殊句式等；读顺文本，至少读两遍。

三、文化积累

出示多媒体：

1、范晔及《后汉书》

范晔（398-445），南朝宋代史学家。他编撰的《后汉书》记载了从光武帝刘秀至汉献帝195年的历史，与《史记》《汉书》《三国志》合称"前四史"。范晔是第一位在纪传体史书中专门为妇女作传的史学家，我们学过的《乐羊子妻》就选自他的《后汉书·列女传》。

2、太学：古代设在京城的全国最高学府。

3、五经：指《诗》《书》《礼》《易》《春秋》五部经书。

4、六艺：指礼、乐、射、御、书、数六种学问和技能。

5、孝廉：汉朝由地方官太守向中央举荐品行端正的人任以官职，被举荐的人称为"孝廉"。

6、公车：汉代官署名，臣民上书和征召，都由公车接待。

7、公府：三公太尉、司徒、司空的公署。

8、两都：西汉的都城长安和东汉的都城洛阳。

9、豪右：豪族大户。秦汉时，豪族住在城市的右边，故称"豪右"。

10、视事：官员到职工作。

11、乞骸骨：封建社会，大臣年老了请求辞职为"乞骸骨"，意思是请求赐还自己的身体，回家乡去。

四、整体感知

请大家用三个字先分别概括各段段意，再在此基础上理清全文思路。
师生讨论明确：
各段段意：才品高、善机巧、官不徙、地动仪、常讽刺、善理政
结构思路：一、（1）善属文　二、（2—4）善机巧　三、（5—6）善理政

五、研读文本

1、文中有一句"才高于世"的话，可看作全文的文眼，下面就请大家分析一下张衡"才高"的由来及表现。
师生讨论明确：
才高的由来：先天禀赋、后天实践
才高的表现：
善属文——通五经、贯六艺、《二京赋》《思玄赋》
善机巧——浑天仪、候风地动仪、《灵宪》《算罔论》
善理政——心思缜密、机智果断

2、"才高"也导致人见识高，"德高"，请问张衡有怎样的品德？

具体表现在哪些方面？

师生讨论明确：

无骄尚之情，常从容淡静

（1）敢于说"不"：不好、不行、不就、不应、不慕

（2）却常忧国事：敢于讽谏、收擒奸党

3、文章是如何采用点面结合的手法介绍了张衡在科学上的成就的？又是如何详尽地介绍候风地动仪的？

师生讨论明确：

先整体概括了他的科学发明和理论著作，介绍特长时与他的官职相联系，表明他是因特长而做官，而做官也是为了有利于科学研究。

再着重介绍了候风地动仪。

介绍候风地动仪时，不足二百字，却在精简平实中透出情致。介绍顺序依次为：

时间、材料、外形、构造、原理、效果、评价、验证、使用等，具体表现为：

时间——阳嘉元年

材料——以精铜铸成

外形——圆径八尺，合盖隆起，形似酒樽，饰以篆文山龟鸟兽之形。

构造——中有都柱，傍行八道，施关发机。外有八龙，首衔铜丸，下有蟾蜍，张口承之。其牙机巧制，皆隐在尊中，覆盖周密无际。

原理——如有地动，尊则振龙，机发吐丸，而蟾蜍衔之。振声激扬，伺者因此觉知。虽一龙发机，而七首不动，寻其方面，乃知震之所在。

效果——验之以事，合契若神。

评价——自书典所记，未之有也。

验证——尝一龙机发而地不觉动，京师学者咸怪其无征。后数日驿至，果地震陇西，于是皆服其妙。

使用——自此以后，乃令史官记地动所从方起。

由表及里，由实到虚，由物入理。

4、请学生根据文本的说明大胆绘制候风地动仪的构造图。

5、谈谈这篇传记是如何组织和剪裁材料的？

师生讨论明确：

经纬结合：这篇传记仅以七百余字就概括了张衡六十二年中的杰出成就，全文以时间为经，叙其一生；以善才为纬，统率题材，因而所写方面多而不杂，事迹富而不乱，文虽简而概括全。

叙议结合：从表达方式上说，以记叙为主，辅以议论；介绍候风地动仪时，又以说明为主，辅以记叙。

详略结合：介绍张衡的文学、科学、政治三个方面的才能和成就，其中以科学方面的才能和成就作为重点详写，其中又突出了候风地动仪的研究制造。写"善属文"就以写《二京赋》为主，略涉《思玄赋》，其他甚至不提及；写"善机巧"，以详写候风地动仪为主，其他科技成果则为辅；写"善理政"，以整治法度、收擒奸党为主，请求辞职、上调擢升为次。

六、拓展延伸

1、郭沫若曾评价张衡是一个"全面发展的人"，试举出历史上还有哪些类似的人，这给你什么样的启发？

师生讨论明确，出示多媒体：

（1）曹操，生活在汉魏之间，他不仅有丰富的军事才能，使他在三国争霸中取得上风，而且在文学、书法、音乐等方面也为后人留下了不朽的财富。

（2）北宋的沈括，一生勤奋好学，在天文、物理、化学、数学、地理、生物、医药、水利、文学、音乐、军事等方面都取得了卓越的成就。

（3）苏轼是北宋成就最高的文学家，又是具有多方面才能的大家，他在诗词、文赋、书法、绘画、音乐等方面都有很高的成就。

（4）明代朱载堉既是音乐家、舞蹈学家，也是数学家和天文历法学家。

（5）达·芬奇，是一位画家、雕塑家、哲学家、音乐家、医学家、生物学家、地理学家、建筑工程师和军事工程师，是欧洲文艺复兴时期最完美的代表。

2、请大家说说，从张衡身上你得到哪些启发？

学生们发言摘要：

甲：要渴求知识，渴望学习，做一个全面发展的人。

乙：做一个大国工匠，还原候风地动仪。

丙：好多文物都失传了，好多古籍中关于疾病治疗的方法都无解了，譬如癌症、尿毒症等的治疗。

丁：张衡的从容淡静很值得我们仰视。有了这份从容淡静，才有了张衡孜孜不倦地追求，硕果累累的成就。喧嚣中的我们总是浮躁难安，纷杂里的我们往往迷失本性，我们还是应该以一颗最纯真的心去聆听我们梦想的声音，诗意前行。

戊：真佩服张衡，他很注意全面地、均衡地发展，课后会为张衡写一篇赋文的。

七、课堂总结

有人这样称赞张衡：浑天地动两仪争辉，科学文学一代巨人，从容淡静勤勉终生，万代景仰名科圣。由此可见，一个人真正的优秀，绝不是偏废，而是尽可能地让自己全面发展。只有这样，人生才有大格局，大气象。

【课堂构建】

1、授之以渔：认真教给学生预习文言文的方法，培养学生扎扎实实预习文言文的习惯。

2、文道统一：由"才高"入手分析张衡的"善"，再由"才高"指向他的"德高"，意在引导学生知晓"才高"会影响一个人的修为。

3、因势利导：解读候风地动仪的说明文字后，让学生大胆手绘候风地动仪；针对张衡是一个全面发展的人，鼓励学生也努力做一个全面发展的人。

4、生趣盎然：导语的激趣，课堂结束时的讨论，课后学生的踊跃练笔，都意味着本节课的成功——极大地激活了学生们的求知欲和创造性。

第五节　一枝红杏春满园

——《写好议论文的开头》教学设计

一、定场闲话

今天我们来做件小事，做点研究。在做研究之前，我们先来确定一下我们此刻的时空定位：我们，也就是你们，正处在人生的开头——青春年华，一年的开头——阳春三月，一天的开头——大好上午，一节课的开头——我在这头，你们在那头。习总书记在今年开头的新年贺词中说道：我们都在努力奔跑，我们都是追梦人；并告诫我们，一定要讲好中国故事。所以，我们今天就来努力奔跑，努力讲好我们的故事，讲好我们今天这节课的重点——议论文开头的故事。出示标题。

二、说说开头

1、关于开头，大家想想，老师为什么要用这么一个标题？

明确：从探出墙头的一枝红杏，自然可以窥见满园的春色——所以，写好开头很重要！

2、回顾一下，文章的开头一般都会有哪些作用？

明确：开门见山，点明题旨，总领全文，引出下文，渲染气氛，奠定基调，等等。

3、那么，依据你们的经验，一个好的议论文开头，一般都会有哪些特质呢？

明确：一个好的议论文开头一般都会有四个"有"：

有声音：名言亮嗓，名人助威。

看满分作文书，至少有三分之一的文章是以名言开头的。

有色彩：富有文采，才美外见

议论文开篇运用排比、对偶、比喻、拟人、反问、设问、对比等手法的比比皆是。

有故事：能见材料，材料简洁

能三言两语概述材料，或引述一个类似的材料。

有态度：能见观点，观点鲜明

当然，这个观点，一定要符合社会主义核心价值观，能体现立德树人的理念。

总而言之，一个好的议论文开头，一定会在作文的发展等级——深刻、丰富、有文采、有创新——上着力，能博人的眼球，正如清代李渔所说的——开卷之初，当以奇句夺目，使之一见而惊，不敢弃去。

三、品品开头

常言道：观千剑而后识器，操千曲而后晓声。

下面我们就来研究一下，一个好的议论文开头，究竟都会有哪些写法。

1、开门见山，直接入题

【示例】人们往往会直接思考一个问题，但问题的本质往往并不能直接看出，这时，我们就需要换个角度来看待它，这样才能发现问题的本质，并有效解决它。

——2018年高考语文全国卷2《换个角度看问题》

【品析】开头点题并直接表明观点，干净利落。白居易说：首句标其目，卒彰显其志；梁启超说：文章最要让人一望而知其宗旨之所在，才容易动人。

【拓展】和羹之美，在于合异。融入了幽默的趣味，让乏味的生活增色；褪去了浮华的色泽，留得一份本真，方能体味生活的底蕴与生趣。

——2019年高三语文荆州市质检1卷《扬趣味而增色，褪浮华以显真》

2、名句开篇，彰显底蕴

【示例】卡莱尔曾言："书中横卧着整个过去的灵魂。"诚哉斯言，读书当如火把，照亮一个民族的沉沉夜幄，呼唤国人觉醒的黎明。当让阅读之风拂过社会上上下下，遍洒知识芳华，方能让民族如翠盖擎天，书写历史华章。

——2018年高考语文山东卷《让阅读之风滋养中华之魂》

【品析】名言开篇，先声夺人。既添文采，展现了文化底蕴，又同声一唱，强化了文章说服力。

【拓展】脸书创始人扎克伯格说："每个时代都有每个时代的特征。"当今时代的一个重要特征就是兼收并蓄，多元包容，在独立的个体中寻找多彩的统一，体现出兼容并包的大同气象。

——2019年高三语文湖北七市州联考卷《兼容并包，大同气象》

3、起兴类比，引人入胜

【示例】鲜嫩滑口的野生菇可能含有致命的毒素，芬芳四溢的玫瑰花下面是带刺的枝丫……生活中，一些斑驳陆离的表象下面，往往深藏着不为人知的本质和秘密。

——2018年高考语文全国卷2《莫让乱花迷人眼》

【品析】以含有致命毒素的野生菇和带刺的玫瑰花开篇，由生活中的现象归纳出"本质隐藏于表象之下"的结论，进而引出作者的论点"不要为事物的表象所迷惑"。这样的开头自然形象，能引人入胜。

【拓展】大海需要涓涓细流的汇聚才显得汹涌澎湃，梅花需要霜雪的苦寒才能香气扑鼻，千里马需要伯乐的赏识才能物尽其用。生活中，我们每个人都渴望"被需要"，以体现自己的价值。但不管结局怎样，都应遵循"得之我幸，失之我命"的原则，这样方能浅笑安然。

——2018年高考语文上海卷《得之我幸，失之我命》

4、反弹琵琶，柳暗花明

【示例】孔子曰："君子不器。"意思是君子不应该像器具那样，让自己的作用仅仅限于某一方面。而我却说，君子当为器。君子当接受教育使自己进一步完善，从璞玉浑金成长为有用之器；君子当海纳百川成为有容之器；君子当砥砺前行成为国之重器，怀抱为国为民、舍我其谁之志。

——2018年高考语文天津卷《君子当为器》

【品析】先引用孔子名言肯定了一般人的观点"君子不器"，然后再用"而我却说"提出相反的观点"君子当为器"，这是一种反弹琵琶的开头方法，如此抑扬结合，能使开头回旋有力。

【拓展】我从不否定"露出今夜白，月是故乡明"是杜甫对故乡的思念，但我还是固执地认为，这句诗中还包含了一种自信——一种思乡背景下亲切的文化自信，一种媚外心态下久违的文化自信。

——2017年高考语文全国卷2《自是故乡月最明》

5、整句入题，先声夺人

【示例】那一个年代，风里来雨里去，只为温饱；那一个年代，时间就是金钱，效率就是生命；那一个年代，大力发展商品经济，解放生产力。还记得1981年4月12日中国第一家超级商场……经济复苏，思想解放，一片繁忙景象！人民自豪地把20世纪80年代的改革开放比喻为"春天的故事"，那一曲《春天的故事》是否还萦绕在你的耳畔？

——2018年高考语文全国卷3《山青水绿铺远路》

【品析】此开头一连三句构成排比，写出了那一个年代人们不同的生活追求和社会发展缩影，形成了强大的气势，既凸显了文采，又起到了先声夺人的效果。

【下水】一个人一生一世就这么一辈子，做好想做的事，走好该走的路，不论是应者如云，还是荷戟独徘徊，都要将它义无反顾，进行到底！这种精神上的狂欢，是一个人生命的华彩，更是一个人心灵的海拔。柳子的一首《江雪》，在荒天荒地时，常如清角吹寒般，在我心灵的旷野上响起。"千山鸟飞绝，万径人踪灭"，那是漠漠人寰少有的清寒和孤绝；"孤舟蓑笠翁，独钓寒江雪"，又是生命巉岩上不灭的执着和坚守。这种境界，我高山仰止！我便想从历史的长河中，寻出这么几位独钓者来，再用一颗虔诚的心，对他们进行精雕细琢，浓墨重彩，让他们棱角分明，呼之欲出，让他们树立于我们心灵的圣堂上，永远熠熠生辉。

——徐徐老师《一个人的狂欢》

6、巧用修辞，文采斐然

【示例】"国之重器"是什么？支撑一个国家或变强的人或物，就是"国之重器"。前两天在报纸上读到题为《国之重器，人才为要》的新闻，不由沉思：看我泱泱中华，可称"国之重器"者谁？想到了中国改革开放和现代化建设的总设计师邓小平……

——2018年高考语文天津卷《"国之重器"赞》

【品析】文章一开篇就提出一个问题——"国之重器"是什么？发人深思。然后自问自答，阐释其内涵。接着又来一问——看我泱泱中华，可称"国之重器"者谁？就自然展开对自己心中伟人的论述。

【拓展】一个人的语文素养的形成与提升，仅凭语文课堂上的接受、社会实践活动中习得，是远远不够的。这两种途径固然有助于语文素养的形成和提升，但比起课外阅读的作用还是星光较之月辉，不能相提并论。课堂学习重在知识积累，生活实践重在语言交际，体验生活，只有课外阅读才更能提升语文素养，而且是"'量小'非君子，'无读'不丈夫！"

——2016年高考语文全国卷2《"量小"非君子，"无读"不丈夫》

四、写写开头

阅读下面的材料，试写一个开头。

"万物并育而不相害，道并行而不相悖。"语出《礼记·中庸》，意思是万物共同在一起生长而不互相残害，道在一起施行而不相违背。

各美其美，美人之美，美美与共，天下大同。

——费孝通

文明是多彩的，人类文明因多样才有交流互鉴的价值。

——习近平

大同是中国古代思想，指人类最终可达到的理想世界，代表着人类对未来社会的美好憧憬，也显示出对待文化多元性的传统智慧。中华民族历来追求大同，但当今世界，也有人对此持不同意见。以上材料触发了你怎样的联想和思考？请写一篇文章，谈谈你的看法。

要求：选好角度，确定立意，明确文体，自拟题目；不要套作，不得抄袭，不得泄露个人信息；不少于800字。

——2019年3月湖北省七市州高三语文联合考试作文题

学生练笔选摘：

习作1、（设问、反问开头）自古以来，中国就是一个追求大同的国家。何为大同？"万物并育而不相害，道并行而不相悖"，《礼记·中庸》中的这句话，便完美阐述了大同的内涵。中华上下五千年，产生了多少独特的文化及思想？倘若没有这些多彩的文明在一起交织碰撞，如今的社会又会怎会单调，又如何得以进步？于中国，于世界，都需要在共同的发展方向中，让多元文化不断发展，从而构筑更加美好的未来。（《在

和谐中铸就多元文化》）

习作2、（整句开头）互联之窗，缔结不同肤色不同语言各国人的思想；高铁之窗，绾合海拔各异各色地域的物资；外交之窗，拥抱全球百余国家的文明。其间有一束光，穿越千年时空，不灭耀于现代社会，辉映于中华民族，其名大同。（《善开窗，揽大同之光》）

习作3、（名言开头）"君子和而不同，小人同而不和"，整体的和谐必须坚守，而部分的差异更应当尊重。在当下多元化的世界里，更应秉持"求同存异，合作共赢"的准则，共建国际对话桥梁。（《求同存异，合作共赢》）

习作4、（比兴开头）任何一片海洋里都不可能仅有一种生物。海之胸襟，包容万物，如此才有了地球上神奇瑰丽的海洋。正如《礼记·中庸》中所言，万物并育而不相害。是的，只有让万物并育的包容大同，方能得社会繁荣。（《包容大同方得社会繁荣》）

五、结束寄语

同学们，就让我们以这种写好文章开头的精神，来写好我们人生的开头吧！在即将到来的高考中，愿你们纵横驰骋，大显身手，请洒潘江，各倾陆海云尔！

【课堂构建】

这是一堂学校公开课。讲完后，有老师惊奇我为什么会讲这么简单一个命题，我也有些惊奇对方为什么会问这么一个问题？写好开头容易吗？万事开头难；开头虽短短数十百来个字，但已包含全篇文章的具体而微；而且高考作文的发展等级"丰富、深刻、有文采、有创新"的操作不就是首先由一个个具体"段"来体现的吗？我们作文教学中，有个误区：往往直奔宏大做法，而不屑于做小做细；而这恰恰会导致学生学习空洞而无所得。在写文章人眼里，越细节越无小事。比如就连搜集这些各具特色的议论文开头，我都做了整整三个晚上。不研究，哪里都是小事；一研究，字字句句都是大事，这可能是一个写作人的一点真体会。

第六节　隐忍不发暗销魂

——《项脊轩志》备课手记

　　我们平常写东西都是坐着写的，所谓作家作家，就是坐在家里写东西嘛；据说海明威却是站着写作的——每天早晨六点半，他便走到写字台前，聚精会神地站着写作，一直写到中午十二点半，目的是尽可能节制地表达自己的思想情感。据说他在创作《老人与海》这部作品时，本可以写一千多页那么长，最后却只精缩到五万字。在这部小说中，海明威最大限度地采用了他惯用的零腔调写作方式，尽可能地"再现"而不是"表现"；因此，小说虽只集中叙写了老人在海上捕鱼的惊心动魄的三天，却能给人无限的感动和启发。

　　这两天在备明代归有光的家常散文《项脊轩志》的课，感觉这篇家常散文就是一篇情感艺术处理得比较得体比较典范的文字。这篇文字通过写项脊轩中的一些人事变迁，从而表达了自己对祖母、母亲、妻子三代人的深切怀念。但"怀念"的字眼在文中却从未直接出现过。作者的"怀念"是层层缊藉、层层推进的。文章一开篇，就先借景、借物抒情，来表达对项脊轩的热爱。项脊轩开始是狭小、破败、阴暗的，后经修葺后，变得明亮、雅致、幽静。作者是这样描绘他的小轩的——三五之夜，明月半墙，桂影斑驳，风移影动，珊珊可爱；又是这样描绘轩中的自我形象的——借书满架，偃仰啸歌，冥然兀坐，万籁有声；而小鸟时来啄食，人至不去……在这样的写景写人中，我们可充分感受到作者那种淡泊宁静、与世无争的心境以及对项脊轩深深的依恋。

接着作者只用一句简洁的抒情过渡——然余居于此，多可喜，亦多可悲——便转入了下边对轩中人事变迁的描述。先写叔伯的分家，造成了大家庭的零落衰败，这时作者并未加以直接感慨，只是淡淡地平静地叙说着；再写到慈母对"我"的关爱，也没有直言，只是通过母亲的一个动作一句言语来反映——娘以指叩门扉曰："儿寒乎？欲食乎？"——就表达了慈母情深。作者年幼丧母，这些情形都是乳母回忆给他听的。作者听后的反映是"语未毕，余泣，妪亦泣"。一个"泣"字，有泪而无声，含蓄而节制，而对母亲的思念却深蕴其中。接着写过世的祖母对自己的期望，写有一日，祖母到轩中来探望"我"，关心"我"的身体，待到离去时又轻轻阖门，怕打扰到"我"；过一会又拿祖父上朝用的象笏至，只说了一句："此吾祖太常公宣德年间执此以朝，他日汝当用之！"当"瞻顾遗迹"，作者终至"长号不自禁"：因为自己一直科举不顺，35岁才中了个举人，后来连续八次考进士不第，自感没能支撑家族，光耀门楣；而祖母过世多年后，自己仍然科举无果。所以情感的洪水蓄积至此，终于迸发了一次，也就显得格外地凄恻动人。

接下来写自己的妻子，写自己与妻子的伉俪情深，也都是借助一些家常琐事来写的。比如写妻子"从余问古事""或凭几学书"，回去娘家后，还同妹妹们自豪地讲起夫家的项脊轩。行文中并没有直接提及自己如何与妻子相亲相爱，但相爱之情却尽在其中。之后妻子去世，作者也仅仅用七个字表达情感——吾妻死，室坏不修——这样的冷静，这样地节制，却分明让人感到作者内心的汹涌哀恸，可谓静水流深。再写到多年之后想到妻子，也没有直接说自己如何绵绵地思念她，只是借助一棵枇杷树来叙说，"庭有枇杷树，吾妻死之年所手植也，今已亭亭如盖矣"，这是一种典型的以景结情的写法：当年手植枇杷树时，夫妻二人当是欢声笑语；如今树已"亭亭如盖矣"，而自己亭亭玉立的妻子却早已不在了人世，这份阴阳两隔的遗恨只会让人夜半凉透！人们写到怀人情绪时，大多会化用到这几句话，就是因为它情感的引而不发，真挚动人。尤其结尾的一个"矣"字，更是写尽了人间夫妻死离的悲凉和无奈！

　　品读《项脊轩志》，我们便可感受到一种抒情隐忍不发的力量，学习到让抒情变得节制的办法——那就是尽可能少地直抒胸臆，尽可能多地借助于景、借助于物、借助于事来表达情感；即使需要直抒胸臆，也尽可能地点到即止，而不可太宣泄。除《项脊轩志》外，教材中的加西亚.马尔克斯的短篇小说《礼拜二的午睡时刻》也可参读一下，这也是一篇在情感表述上非常具有审美价值的文章。

后记：我的语文课，必须来点"真"的

我有充足的理由在这个岗位上按部就班，因，我有了近三十年的教龄；我已年届不惑；我执教的是一些很普通的学生。

我即使玩玩打打，也能很轻松地完成教学任务。即使没完成，也不会有人格外来批评。

很多人劝我说，不要再那么顶真了，大可睁一只眼闭一只眼地过。比如说去搓搓麻将，比如说去跳跳舞，比如说去开下补习班……世上有百媚千红，生活有千姿百态，要懂得好好享受。

我想了想，还是对自己说：我不想这么过。

我的后辈子还长。我的学生是我的。我的人生只有这么一场。什么都可重新来过，唯独日子不可。

我对我的学生们说：你们，是我的学生，我有责任也有义务，让你们享受到我最高质量的教育。今生师生一场，缘分不浅，我们彼此不辜负。

即使狂欢是一个人的，我也愿意将它进行到底。

很少有人备课会像我这般细嚼慢咽。

我会把课文读得很熟，每一个生字都认真查过。相关的参考资料，从作者到背景，从主旨到结构，从手法到特点，只要能看到的东西，我都会细细地读过，凡读过的书面，都会留下很多批注。凡我读过的教材和教参，总会被人叹为"祖国山河一片红"。

我深知博观才能约取，我熟谙深入才能浅出，我期盼我的课堂节节开花。

在设计教法上，我总是不厌其烦地借鉴，殚精竭虑地思考。纵然一会子要看上三四份教案，摧毁三四种思路，我都会在所不辞。

我有时觉得自己就像那个追日的夸父，不追到那轮大大的日头就永不满足。我自己都能感觉到自己的那份倔，那份近乎一种迂的执着，但改不了。因此会搭上很多的时间。别人往往两三节课就可以准备出的一篇课文，我却要花上一天甚至几天。而且在上课之前，都还会在教案上删删改改，直到满意为止。

有人不解地问，你教了这么多年的书了，闭着眼睛都可上课，还用这么精心做什么？我答曰：不行，学生永远是新的，我却不断在老去，不精心，哪来的底气？

之后偷偷地对学生们说：别人可以按部就班，可以照本宣科，但我，决不允许自己这样。我的课堂，必须要生机勃勃；每一节课，都要能触摸到生命的拔节。

终于可以去上课了。面带微笑、昂首挺胸是我通常的姿态。我想用自己的饱满带来一整堂课的饱满。

我的讲课是激情的，我不喜欢那种死气沉沉。我的讲析是精辟入微的，我不允许自己废话连篇。我的课堂是涌动的，我喜欢看到一张张充满生气的脸。

我会经常调整我课堂的动态：课前三分钟演讲，小组合作讨论学习，让学生上台当老师讲课，和学生一起比背书……学生开小差了，我会幽默地提醒他（她）一下。学生不自觉地趴在桌面上了，我会过去友善地拍拍他（她）的肩。不刺伤他们，不打击他们。唯愿自己能与他们，在每一节课上，平等，和谐，不断生出奇趣。

一次上李白的《将进酒》——一首很奔放很激越的古体诗，很适合朗读。可正值学生们课中疲惫，调动了很多次都没能有学生主动站起来朗诵，只有很多犹豫和观望的人。如果换作平常，也许早就放弃了；如果是换作别的老师，也许早就收场了。但我对自己说：不行！只要没有一个学生能主动站起来朗诵这首诗，就说明他们的性情在这堂课上没有得到舒展，他们也将不能在一次投入地吟咏中得到快乐，得到成长。

我告诉自己，不抛弃，不放弃！继续鼓舞，继续期待。纵然为此用去了将近半节课的时间也毫不吝惜。最终站起一个学生来，接着两个、三个……我一一为他们悉心指点，让他们在一种提高的喜悦中满足地坐下。

再后来，全班起立，掀起了吟咏的高潮。学生们个个铿锵激昂，意气风发，一起完成了他们一天中也许是一生中最浪漫的事。那天的吟诵，此刻想起，都在心潮澎湃。

我想我是用我坚持不懈地狂欢，最终带来了每一个孩子的狂欢。这对陶冶他们的性情，舒展他们的身心，必定功不可没。

我对自己还有个格外的要求，那就是——凡是要求学生背诵的东西，我自己首先把它背下来。不问长短，不论难易。

在课前示范背，在课中引导背，在课后表演背。总而言之，要给学生一个暗示：你们的老师，从不敢懈怠！

为了做到与学生同步，甚至还先一步，我总是抓紧一切时间背：早自习跟学生一起背，走在路上背，晚上散步背，睡觉前背。背的时候往往念念有声，以至有时丈夫在一旁都会好奇地问：你在叨叨个什么呀？

在有的老师说屈原的作品读都读不转时，我都已经将其中的篇目如《离骚》（节选）《湘夫人》《涉江》《国殇》等背熟了。课本里面的一些长篇，如《琵琶行》《梦游天姥吟留别》《六国论》《游褒禅山记》等等，我也将它们一一拿下。甚至连《长恨歌》——有的老师说：要是哪个老师能将它背下来的话，我就对他（她）五体投地。我就硬生生地将这首长诗背了下来。当在学生们面前表演时，学生们的掌声经久不息。我深感一种成就。

我对学生们说：你们还年轻，一定要多背些东西。背下屈原的，屈原就跟你们一辈子。背下李白的，李白就跟你们一辈子……这，才是真正的终身财富啊！

在我的带动下，班上迅速成立了背诵先锋小组，他们除了背熟教材上指定的篇目外，还自觉地选背一些其他篇目。有一个学生，就把一个单元的诗歌，从课文到相关链接，从推荐作品到补充材料，一一全背了下来，创造了奇迹，让全班学生振奋不已。

有次课下谈心时，学生们对我说：老师，我们很少看到，再有哪个老师像您这样精心的了。像您这么资深的教师，教学上完全可以随性一点了啊。

不，孩子们。我说——

人的一生，必须要有一种一贯向上的动力，这种动力就是你人生中的一种狂欢。有了这种狂欢，人生的大厦才能巍然屹立。有了这种狂欢，你我的人生才会创造相当的高度。如果一味地涣散，任自己行行又止止，那么我们的一生，将会暗淡无光；那么我们的大厦，将会坍塌如泥。所以，不管别人怎样，我们都要将这种狂欢进行到底！

我的语文课，就必须要来点"真"的！